아이폰과 아이패드

애플의 전략

아이폰과 아이패드

애플의 전략

최용석 지음

아라크네

나의 사랑하는 아내 윤정에게

이 책을 바칩니다

아이폰과 아이패드가 몰고 오는
디지털 혁명

애플의 아이폰과 아이패드가 세상을 바꾸고 있다. 이 책은 아이폰과 아이패드를 필두로 해서 세상을 바꾸려 하는 애플의 전략에 대한 이야기이다. 지금까지와는 현저하게 달라질 미래에 대한 이야기이기도 하다. 모바일 혁명이 촉발한 포털 간 전쟁의 서막, 그리고 미래의 검색과 모바일 인터넷 시대 마케팅의 변화에 대한 이야기를 꾹꾹 눌러 담았다.

필자는 이 책을 통해 미래의 광고 시장은 어떻게 변화할 것이며, 모바일 혁명의 시대를 맞아 세상은 어떻게 변화할 것인지 예측해 보고자 했다. 지금 이 시간은 30년 후 우리가 필연적으로 마주치게 될 새로운 디지털 시대의 시작이며, 우리의 라이프스타일 속에 지금까지와는 다른 디지털 코드가 새겨지는 중요한 순간이다.

우리는 지금 디지털 문명이라는 새로운 트렌드 안에서 변화의 굴곡을 겪고 있다. 새로운 디지털 문명과 기존 인터넷 문명의 충돌이 만들어 내는 공간, 그것은 디지털 캐즘(Chasm)이다. 캐즘의 시기는 새로운 문명이 완숙기에 접어들면 점차 공간이 줄어드는 속성을 지니고 있다. 그 시기를 잘 맞춘 사람들에게 이 격변은 하나의 기회가 될 것이다.

기존 문명에서 새로운 문명으로의 전환은 마치 대륙의 이동과도 같은 파괴력을 지니고 있다. 콜럼버스가 신대륙을 발견한 것과 크게 다르지 않으며 이러한 신대륙에서 우리는 새로운 기회를 얻을 수 있다. 블루오션의 시대는 끝나고 디지털오션의 시대가 시작된 것이다.

세계를 놀라게 한 아이폰이 한국에도 상륙했다. 단순한 하드웨어만이 아닌, 100억 곡에 달하는 판매량을 자랑하는 소프트웨어를 거느린 거대한 괴물이 온 것이다. 한국의 사용자들은 일시에 마법에서 풀려났다. 그동안 우리를 컴퓨터 앞에 족쇄 채우듯 앉게 만들었던 무선 인터넷의 장벽은 일순간에 깨져 버렸다.

아이폰의 뒷면에는 먹다 만 사과 로고가 선명히 새겨져 있다. 아이폰을 사는 순간 사람들은 애플이 조화를 부린 마법의 사과를 먹고 만다. 그리고 백설공주처럼 그 마력에 빠져서 소위 애플빠(애플 마니아)가 되고 만다. 애플의 제품을 사용하면서 애플을 좋아하지 않을 수는 없을 것이다.

그럴수록 필자는 한국의 기업들이 더욱 분발하기를 바라는 마음이 들었다. 한국 기업들의 나아갈 방향에 대해서 역설하고자 애플을 파고들었다. 애플의 성공 사례를 통해서 사람들에게 새로운 비즈니스 영감을 불어넣어 주고 싶어서 이 책을 집필하게 되었다.

아직도 트위터나 미투데이를 통해 새로운 디지털 환경을 접해 보지 못한 사람들에게 이 책은 분명히 필독서가 될 것이다. 이 책은 디지털 금광, 모바일 금광에 대한 이야기이다. 상상 이상의 드림월드가 펼쳐질 것이다.

모바일 시대가 몰고 올 미래 변화의 가치에 대해서 잘 모르는 일반 인들을 위해서 재미있게 서술하려고 최대한 노력했다. 이 책을 읽고 독자들은 현재의 상황은 물론 앞으로 다가올 미래를 눈앞에 그리듯이 보게 될 것이다.

이 책을 집필하는 동안 머릿속이 진공 상태가 되는 일종의 무아지경의 경지를 맛보았다. 첫째 딸 총명 유리, 둘째 딸 똑똑 유진과 잘 놀아 주지 못한 것이 미안하다. 탈고를 마치고 나면 이제 한게임의 지구별에 들어가서 녀석들과 마음껏 대화를 하고 놀 것이다.

저자 최용석 드림

CONTENTS

2. 스마트폰이 만드는 새로운 시장

3. 모바일 인터넷 시대의 패러다임

01

애플 생태계의 출현

스티브 잡스의 아이패드 출시 전략

애플의 아이패드는 한마디로 가정용 멀티 태블릿이다. 애플이 아이패드를 시장에 내놓으면서 아마존의 킨들을 정조준하는 발언을 했다. 업무를 볼 때는 노트북이나 데스크탑 컴퓨터를 사용하고, 거리에 나가면 아이폰을 활용하고, 거실에 누워서 TV를 시청할 때는 가볍게 아이패드를 이용하기를 권한 것이다.

스티브 잡스는 이것을 엔터테인먼트 디바이스라고 표현하였다. 집에서 쉬고 있을 때 간단한 이메일을 보고자 굳이 서재로 이동하지 말고 거실에 놓인 아이패드를 사용하라는 것이다. 또한 TV를 보다가 지쳐 책이나 잡지를 찾을 때 아이패드를 이용하라는 것이다.

하지만 아이패드는 그렇게 단순한 컴퓨터 기기만을 표방하는 것이 아니다. 아이패드의 잠재력은 아직 낙타의 몸체는 숨기고 있다는 사실에 있다. 아이패드는 사실 멀티 태블릿을 가장한 통신기기이다. 와이파이를 지원한다는 부분은 기존 컴퓨터와 차이가 없지만 3G를 지원한다는 부분에 주목해서 봐야 한다.

3G를 지원한다는 뜻은 언제 어디서든지 장소와 시간에 구애받지 않고 인터넷과 연결하겠다는 것이고 필요하면 통신 기능으로 확대해 전화로까지 사용이 가능하다는 뜻이다. 초기 버전에서 카메라와 GPS 기능을 뺐지만 그 또한 언제든지 또 다른 버전으로 애플이 원하는 시점에 장착할 수 있다. 검색 시장도 애플의 손아귀에 있다. 무선 인터넷이 현재와 같이 스마트폰 위주로 넘어가고 멀티 OS 형태로 간다면 검색엔진은 이제 애플이나 구글, 노키아, 삼성전자와 같은 업체들에 주도권이 넘어갈 수 있다.

향후 수많은 사람들이 애플이 지정한 바탕화면에서 검색을 할 것이다. 지금처럼 우리가 원하는 검색엔진을 선택해서 이용한다는 것은 미래에는 보기 힘들 것이다. 가장 우위의 있는 바탕화면을 애플이 제어하기 때문이다. 현재 애플은 자사의 사파리 브라우즈를 기본으로 하고 구글을 검색엔진으로 설정해 두었지만 언제 MS의 빙으로 바뀔지 아무도 알 수 없다. 한국에서 기존 포털과 협상을 통해서 그 자리는 네이버가 될 수도 있고 다음이 될 수도 있다. 구글이 안드로이드폰을 들고 나온 이상 애플에서 구글의 OS를 밀어줄 이유가 없다고 애플의 경영진들이 판단할 수도 있는 것이다.

이것은 기존 컴퓨터에서 브라우즈를 통해 검색을 지정하는 것과는 차원이 다르다. 검색 시장의 크기는 실로 상상을 초월한다. 언제든지 애플이 원하는 검색엔진을 기본으로 달게 되면 그 파워는 대단할 것이다. 전 세계적으로 컴퓨터는 17억 대가 있지만 모바일은 무려 45억 대가 있다. 언제든지 유선 인터넷을 능가할 수 있는 모바일 수요가 잠재되어 있는 것이다.

현재는 아이패드에 GPS가 빠져 있지만 언제든지 그 기능은 넣을 수 있다. GPS를 통해 애플은 당신의 위치를 언제든지 알 수 있고, GPS와 통신 기능을 첨병으로 내세워서 언제든지 당신의 동선에서 가장 적합한 광고 상품을 제안할 수도 있다. 실제 얼마 전 애플은 아이폰에서 GPS를 활용한 모바일 광고는 허용하지 않겠다는 발표까지 한 바가 있다.

앞으로 몇 년 이내에 신문 사이에 들어오는 전단지는 아이패드용으로 대체될 것이다. 요즘 이마트나 롯데마트와 같은 대형 할인점에서는 신문 사이에 전단지를 넣어서 서비스를 한다. 보통 주변의 대단위 아파트 단지나 주택 단지에 배포가 되고 주부들에게 효과적인 마케팅 기법이다. 이와 관련된 종이 비용만도 엄청나다. 하지만 아이패드가 활성화되면 이러한 광고는 사라질 것이다. 인근에 새로 문을 연 병원이나 음식점, 그리고 학원 등에 대한 정보를 자신의 위치에 기반해서 실시간으로 볼 수 있기 때문이다.

애플의 CEO 스티브 잡스는 세계에서 가장 경영 성과가 좋은 최고의 경영자로 선정되었다. 그는 사람들의 라이프스타일 속에서 시간과 공간을 창출하는 콘셉트야말로 오랜 기간 지속되는 제품으로 자리 잡는다는 사실을 깨닫고 있는 것이다. 우리가 자동차를 타면 라디오를 켜듯이 말이다. 자동차 덕분에 라디오는 앞으로도 그 어떤 매체도 대체할 수 없는 고유한 자동차 전용 매체가 되었다. 우리의 생활 속에서 라디오가 차지하는 이러한 독보적인 위치를 애플이 탐내고 있는 것이다.

아이패드는 기존 넷북과 e-Book 사이의 틈을 파고들었다. 그렇다고 해서 태블릿 PC가 없었던 것도 아니다. 제품으로 말하면 이미 10년 전 한번 시장을 훑고 지나간 트렌드지만 아이패드의 출생에 스티브 잡스가 뛰어든 것 자체가 화제에 오르고 있다. 어디에 써야 할지 모르는 소비자들을 위해 스티브 잡스는 과감히 "거실에서 이렇게 사용하는 것입니다" 하고 시연을 했다. 거실에서 사용할 컴퓨터가 생겼다는 뜻이기도 하고 기존 거실용 X-BOX나 닌텐도 위를 대체할 수도 있는 제품이라는 뜻이기도 하다.

아니, 닌텐도를 사용하기엔 좀 점잖은 연령대를 타깃으로 해서 제품을 출시한 것이다. 자녀들이 닌텐도 위를 이용해 게임을 할 때 아빠는 거실에 앉아 아이패드를 이용해서 아침 신문을 보거나 식사를 하면서 편리하게 인터넷에 접속해 잡지를 볼 수 있다고 고객을 설득하고 있는 것이다.

아이패드의 장점은 빠른 부팅과 이동성이다. 노트북을 켜거나 책을 찾는 것보다 아이패드를 활용하면 요리에 필요한 정보를 찾는 데 더욱 빠를 것이다. 마우스가 없고 키보드가 소프트웨어로 내장되어 있다는 부분이 넷북보다는 불편하지만 이러한 불편함조차도 거실이라는 공간이라면 충분히 감내해 볼 만하다. 사실 거실에 바로 앉아서 노트북을 사용해 본 사람들은 마우스와 키보드가 필요한 자세가 얼마나 불편한지 잘 알고 있다. 거실은 책상이 아니지 않는가. 아이패드는 소파에 기대서 아무런 사전 준비 없이 그냥 꺼내서 쓰면 되는 제품인 것이다.

이제 사람들은 거실에서 사용할 컴퓨터를 찾기 시작했다. 이것 자체로 애플의 메시지는 설득력을 얻기 시작했고, 여타 경쟁 태블릿 PC들도 이제 거실에서 사용하라는 메시지로 애플을 따라가고자 할 것이다. 거실에서 편리하게 당신이 아이패드를 들게 만들고 그곳에 애플의 광고가 붙을 것이다. 애플은 미디어의 독점을 통해서 당신의 거실 점령을 목표로 하고 있다. 이제 스티브 잡스는 당신 차례가 되었다고 하면서 오랜 시간 준비해 온 사과를 한입 베어 물라고 문을 두드린 것이다.

콘텐츠 유통의 혁명

윈도우 환경은 아무리 짧다고 해도 부팅하는 데만 30초 정도가 걸린다. 심지어 필자가 사용하는 비스타 OS의 경우 프로그램을 많이 쓰다 보면 부팅에 2~3분이 넘게 걸려야 제대로 인터넷에 연결할 수 있다. 먹통 모니터를 보면서 3분을 기다려야 하다니…. 전국 1천만 컴퓨터 사용자들이 부팅을 기다리면서 3분을 소요하는 시간을 합산한다면 매일 3천만 분이나 된다. 그 시간을 그냥 컴퓨터 부팅되기만을 기다리고 있는 것이다.

대한민국은 매일 50만 시간을 부팅하는 데에 버리고 있다. 50만 시간이면 57년이다. 매일 한 사람의 일생이 사라지는 것이다. 사람들은 거실에서조차 이러한 부팅 시간의 지체를 참아내기는 힘들다. 단순히 메일을 한 통 보려고 3분을 허비하게 하는 것은 너무도 지루한 일이었다. 이러한 때에 시작 단추를 누르자마자 열리는 아이패드는 우리 생활 속에

01 애플 생태계의 출현

서 가장 편리한 디지털 기기로 포지셔닝을 하게 되었다.

아이패드는 e-Book을 시작으로 노트북의 영역까지 침범하고 있다. 향후 아이패드의 발전 방향은 블루투스를 통해서 각 가정의 멀티미디어

기기들을 통합하려고 할 것이 분명하다. 지금 아이패드에서 GPS 기능을 없앤 것은 가정용 멀티미디어로서 보안이 뚫렸을 경 우 심각한 개인정보의 유출이 있을 수 있 기 때문이다. 이 아이패드 사용자가 어디 에 살고 있다는 사실이 다 보인다는 것은 매우 심각한 일이 아닐 수 없다. 이러한 우 려 자체를 아예 처음부터 없애고 저렴한 가격으로 승부를 하려고 생각한 듯싶다.

아이패드가 의도한 대로 콘텐츠를 유통 하게 될 단말기들의 전쟁은 이제 시작이다. 또한 이러한 애플의 움직임 은 반대 진영의 전략 구상도 매우 빨리 움직이게 만들 것이고 이것은 e-Book의 시작을 알리는 계기가 될 것이다. 집으로 배달되는 신문의 종 이 질감이 점차 아이패드로 대체될 것이다. 이미 수많은 젊은이들은 신 문과 잡지를 인터넷으로 보고 있다. 점차 오프라인 출판 시장은 온라인 으로 재편될 가능성이 크다.

역사를 보면 유통업자와 생산업자는 오랜 기간 서로 파워게임을 해 왔다. 생산업자는 독점적인 상품으로 유통 시장의 가격까지 장악하려고 하고 이 경우 많은 유통업자들이 자신의 상품만을 판매해 주기를 바란

다. 마이크로소프트의 윈도우 OS라든지 삼성전자나 LG전자의 특정 상품들이 이러한 군에 속한다.

이에 반해서 유통업체의 파워가 큰 경우 유통업체는 생산업체에 자신의 정책을 고수하게 만들고자 한다. 유통업체는 자신의 파워를 넓히기위해서 매장을 대형화하고 전국화하여 생산업체의 가격에 입김을 불어넣으려고 한다. 롯데백화점이나 신세계백화점이 이러한 사례에 속한다. 물론 이마트나 롯데마트도 마찬가지다. 과거 롯데백화점에서 샤넬과 매장 수수료에 대해 이견이 생기자 샤넬이 과감히 철수해 버린 사례가 있었다. 유통업체가 파워를 보이려고 하자 큰 파워를 지닌 생산업체인 명품 샤넬이 그것을 거부한 사례에 해당한다.

아마존의 킨들은 e-Book 단말기의 대명사였다. 이것은 일시적인 유통의 독점으로 표현할 수 있다. e-Book을 팔려는 사람은 아마존에서 정한 가격 정책을 따르지 않을 수가 없었다. 하지만 최근 애플이 아이패드라는 신종 전자책 단말기를 만들어내고 콘텐츠 생산자 우대 형태의 가격 정책을 권장하는 상황이 되었다. 특히 콘텐츠 생산자가 70%의 수익을 가지게 하는 수수료 정책으로 e-Book 시장에 뛰어들려 하자 아마존은 기존의 자사 정책을 전환해 버려야 하는 상황에 맞닥뜨렸다.

애플은 자사의 하드웨어 혼을 불어넣는 아이튠즈를 통해 콘텐츠 생산자들이 직접 최종 소비자를 만나게 하는 유통의 혁명

iTunes : 애플사가 만든 멀티미디어 플레이어 및 아이팟용 동기화 프로그램. 컴퓨터 내의 음악과 동영상을 관리하고, 아이튠즈 스토어에 접속하여 음악이나 뮤직 비디오, 영화 등을 구매할 수 있다. 또 아이팟과 애플TV, 모토로라 ROKR, 아이폰 등 아이튠즈와 연동되는 장치에 데이터를 전송하는 기능을 갖고 있다.

을 만들고 있다. 생산자들이 우대받는 시스템을 유통업자가 만들어 내는 신개념 유통 시스템인 셈이다. 이러한 유통 방식은 이미 인터넷에 존재했었다. 하지만 그렇게 유통되는 소프트웨어 시장 자체가 크지 않았기에 그 영향력은 미미했었다.

그런데 애플은 아이폰을 통해 성공이 검증된 유통 방식을 아이패드란 신무기를 기반으로 다시 e-Book 시장에 적용시키려 하고 있다. 앞으로 아이패드를 통해서 만나게 될 콘텐츠는 기존 온라인에서 보던 것과는 사뭇 다를 것이다. 온라인과 오프라인이 똑같은 콘텐츠로 돈을 받는 것은 과도기적인 형태로 볼 수 있다. 결국에는 신문이나 e-Book의 차별화된 콘텐츠에 사용자들이 기꺼이 사용료를 지불하게 될 것으로 보인다.

여기에다 기존 온라인 콘텐츠에 광고를 접목한 형태로 승부를 거는 업체들도 나올 것이 분명하다. 어떤 형태의 수익 모델을 개발하는지에 따라, 새롭게 시작된 콘텐츠 유통의 혁명은 날이 갈수록 확대될 것이다.

아이패드는 e-Book 시장
그 이상을 노린다

국내 CF 배경 음악으로 외국의 팝송을 사용하려면 한 곡당 5천 달러 이상이 소요된다. 비틀즈의 음악은 한 곡당 1억 원이 넘는다. 기업을 상대로 한 이러한 음원 저작권 시장은 상상을 초월할 정도로 큰 규모를 자랑하고 있다. 디지털 콘텐츠는 결코 작은 시장이 아니다. 디지털 채널 기기들이 많이 생길수록 콘텐츠 시장도 커진다.

요즘 TV가 없는 집은 없다. 아이들 교육 때문에 간혹 없애는 경우도 있지만 어른들이 더 견디지 못하고 TV를 찾는다. TV만큼 거실에서 중요한 것이 또 있을까. 가장이 퇴근을 하면 가족들은 거실에 앉아 TV를 보면서 대화도 하고 간식도 먹는다. 주말이면 쿡 TV나 SK브로드밴드 TV를 통해, 또는 스카이라이프 TV를 통해 영화를 다운로드받아 보는 가정들이 수백만 가구를 넘어서고 있다. 모두가 VOD 시스템이 현실화되었기에 가능한 일이다. 오래 전 개념만 있던 VOD는 어느 순간 우리를 매우 편리한 세상으로 이끌고 있다.

애플의 진화는 이제 전통적인 TV 업체들까지 위협하고 있다. 융합을 무기로 한 경쟁자가 시장을 장악하기 시작한 것이다. 현재 애플의 아이패드는 스마트폰과 노트북의 중간적인 형태를 띠고 있는데, 무선망인 3G나 와이파이를 통해서 언제든지 인터넷에 접속이 가능하게 되어 있다. 인터넷과의 접근성이 용이하다는 것은 언제든지 인터넷을 통해 원하는 콘텐츠를 다운로드받을 수 있다는 것을 의미한다.

애플의 앱 스토어에 들어가면 사용자들은 약 15만 건에 달하는 수많은 소프트웨어는 물론 600만 곡이 넘는 전 세계의 음악들, 그리고 e-Book까지 다양한 콘텐츠를 다운로드받아 볼 수 있다. 여기에 전통적인 지상파 방송과 케이블 방송을 추가해서 볼 수 있다면 그야말로 금상첨화가 아닐 수 없다.

애플이 지향하는 궁극적인 TV는 거실의 제왕이다. 기존 아이패드와 아이폰은 물론 맥북과 한 번에 데이터를 주고받을 수 있는 실질적인 TV의 형태로 제공될 것이다. 아이튠즈를 기반으로 해서 제공되는 소프트웨어는 무한히 증식을 하기 시작했다. 몇 년 후 아이튠즈에 올라가 있는 유료 애플리케이션(Application)은 100만 개에 육박할 것이다. 100만 개의 콘텐츠라니, 상상이 되는가. 최신 영화에서부터 음악, 갓 출간된 베스트셀러도 언어별로 번역되어서 전 세계 시장에 바로 출시될 것이다.

아이패드가 무서운 이유는 아이패드를 통해서 전 세계에 영화를 유통시키는 채널로 언제든지 활용이 가능하기 때문이다. 아이패드에 향후 HDMI(High-Definition Multimedia Interface)만 지원된다면 아이패드로 다운로드받은 영화를 집안에 있는 대형 TV로 보는 데 아무 지장이 없을 것이다.

한동안 우리나라도 할리우드 영화의 쿼터 문제로 몸살을 앓은 적이 있었다. 그때 두 가지 방식의 배급이 있었다. 하나는 전통적인 영화배급사를 통한 배급 방식이고 또 하나는 할리우드 영화사에게 직접 배급하는 방식이었다. 이러한 유통 방식이 아이패드를 통해서 안방까지 진출할 가능성이 매우 높아졌다. 만일 해외 영화가 자막까지 깔아서 영화관에 배급됨과 동시에 안방까지 들어온다면 기존의 전통적인 영화업계는 버텨내기 힘들지도 모른다.

이러한 배급 방식이 충분히 그림이 그려지는 이유는 영화가 출시되어도 모두 영화관에서 상영되는 것은 아니기 때문이다. 잘 만들어진 영화라도 같은 시기에 비교 경쟁 우위의 원칙에서 배제되어 버리면 상영 타이밍을 놓쳐 버리는 경우가 매우 많다. 이런 영화들은 소비자들의 요구에 의해 이제 전 세계 시장으로 언제든지 애플 직배로 들어갈 수 있게 되었다.

이러한 영화 유통 시장은 극히 드물었다. KT나 SK텔레콤에서 운영하는 VOD가 있었지만 인기 있는 영화에 집중되어 있었을 뿐이다. 독립 영화제에서 상영된 다양한 콘텐츠를 볼 수 있는 유통 시장은 아직 한국에 전무하다.

아이패드는 이러한 영상 유통의 혁명으로 다가올 개연성이 매우 높다. 콘텐츠를 생산한 업체들에서는 애플리케이션이나 콘텐츠 판매 대금

　01 애플 생태계의 출현

의 70%를 자신의 것으로 가지고 갈 수 있다. 애플이 가지고 가는 30%도 물론 매우 크다. 하지만 애플리케이션 유통 시장에서 판매 대금의 70%를 가지고 가는 것은 혁명적이라고 해도 과언이 아니다. 별도의 영업사원이 필요한 것도 아니고 판촉을 하지 않아도 되며 재고 걱정을 할 필요도 없다. 애플의 기치 아래 모인 전 세계 유저들이 즐기도록 해당 언어별 자막만 신경 쓰면 된다.

이러한 영상 콘텐츠의 풍부함은 결국 지상파나 기존 케이블 방송과 경쟁 구도로 이어질 수 있다. 사람들은 애플이 만든 아이패드로 애플TV를 보게 될 테니까 말이다. 아이패드가 TV와 합쳐지는 개념이 곧 애플TV이고 이것이 바로 애플의 차세대 혁신 아이템이 될 것이다. TV와 신문, 라디오, 인터넷, e-Book, 인터넷 전화, 영상회의 등이 한 번에 가능한 거실용 디지털 기기가 바로 아이패드를 이용한 애플TV의 미래인 것이다.

애플의 핵심 경쟁력

애플의 핵심 경쟁력은 콘셉트의 차이이다. 애플은 기존 오프라인의 유통을 온라인으로 바꾸어 놓았다. 가격을 바꾼 것도 아니며 특별한 아이디어를 더 가미한 것도 아니다. 하지만 30년 후 필연적으로 인류에게 진행될 디지털 콘텐츠 유통을 미리 예상하고 조금 빠르게 그러한 혁명을 시작한 것이다.

애플에 대항해 싸울 전사는 있는가. 물론 대항마가 있다. 구글에서 아이폰에 대응해 안드로이드폰을 시장에 내놓기 시작했고 아이패드의 대항마로는 시패드가 출시될 예정이다. 애플이 자사에 국한된 폐쇄적인 플랫폼으로 시장의 패러다임을 변화시키고 있다면 구글은 한 발 늦었지만 다양한 기기에 자사의 OS를 무상으로 오픈하는 연합군 성격을 띠고 있다.

노키아는 노트북을 생산하고 3G 네트워크로 무장된 노트북을 넷북이라 명명했다. 명백한 기존 영역의 침범이다. 전통적인 컴퓨터 제조업체 델 역시 최근 스마트폰을 출시했다. 기술의 발달은 영역의 제한이 필요 없도록 제조업체들을 독려했고 그 결과 바야흐로 미래의 디지털 시장을 놓고 무한 경쟁이 시작된 것이다. 향후 5년, 10년을 보면 구글의 반격도 만만치는 않을 것이다.

하지만 애플의 혁명은 여기서 멈추지 않을 것이 분명하다. 세계적으로 편리함을 찾는 사람들의 니즈를 이미 애플은 정확히 파악하고 있다. 과거 전통적인 하드웨어 방식의 접근은 이제 소용이 없게 되었다. 사람들이 원하는 것은 편리함이다. 사람들은 기술의 우위와 호환성에 관심이 있는 것이 아니다. 언제 어디서든지 인터넷과 연결되고 다양한 기기들이 무리 없이 인식되고 구동되기를 원한다. 진정 그뿐이다. 삼성과 LG도 시장이 원하는 패러다임을 깨닫고 변화해야 한다. 빠른 시간 내에 기존의 안드로이드와 손을 잡든지 자사의 바다 OS를 널리 보급시키든지 둘 중 하나를 선택해야 한다.

LG와 삼성은 기존 TV를 그저 하드웨어로만 바라보고 화질이나 크기만을 중시하는 방식으로 TV 시장을 선도해 왔지만 이제 그러한 접근법은 과감히 바꾸어야 한다. 꿈을 현실로 만드는 상상력의 부재가 있었다고 고백할 수 있어야 한다. 소프트웨어 개발자들을 푸대접한 결과를 우리는 뒤늦게 후회하고 있는 것이다.

하지만 다행인 것은 지금은 미래 디지털 시장을 장악하기 위한 전쟁의 초반이라는 것이다. 애플을 잡으려면 애플을 알아야 한다. 과연 애플의 정체는 뭘까. 애플의 핵심 개발자들은 멀리 있지 않다. 과거 애플은 검투사로 자신의 직원들을 내세웠지만 오늘날 아이폰, 아이패드의 핵심 기술 개발자는 바로 우리의 이웃이다. 아이폰이나 아이패드의 핵심 콘텐츠는 바로 옆집의 고등학생이 만든 것일 수도 있다. 애플의 위대한 능력은 바로 여기에 있다. 자사의 직원들이 아닌 전 세계인들이 자사의 애플리케이션을 개발하도록 시스템을 만든 바로 그 자체가 애플의 핵심 경쟁력이다.

삼성과 LG의 직원들이 낮에는 회사 일을 하다가 저녁이 되어 자신의 집에 돌아가면 그 순간부터 아이폰의 핵심 기술자로 변신할 수도 있다. 아이폰이나 아이패드의 맞춤 소프트웨어 개발자들은 한국에도 무수히 존재한다. 아이폰과 아이패드는 플랫폼을 제공한다. 그 플랫폼은 자사의 사용자들에게 재미와 비즈니스의 기회로 다가오고 있다. 사람들은 이미 그것을 알고 있다. 눈앞에 보이는 패러다임의 상위 패러다임, 그것을 잡아내야 한다.

새로운 기술을 느낀 바 그대로 수용하고 이렇게 수용된 결과로 새로운 패러다임을 상상할 줄 아는 사람들이 필요하다. 전통적인 필름 카메라 시장이 디지털 카메라로 변화되고 디지털 카메라는 이제 핸드폰과 융합이 되어 한몸이 되는 데는 그리 오랜 시간이 걸리지 않았다.

이제는 TV가 가정의 보안을 담당하는 것을 넘어서 음성 인식 기술로 자장면 배달을 시킬 수 있게 변화될 것이다. 병원 진료도 원격으로 받을 것이며 미국과 일본 등 외국의 지인들과 화상 대화도 보다 큰 화면에서 편리하게 진행될 것이다. 이미 컴퓨터에서는 이러한 일들이 일어나고 있다.

아이패드는 기존 e-Book 시장을 염두에 두고 출시된 제품이다. 얼마 전 삼성이 와이파이가 내장된 전자책 단말기를 출시했다. 아이리버에서도 새로운 e-Book 단말기를 선보인다. 인터파크에서도 전자책 시장 선점을 위해 단말기 제작을 완료했다.

국내의 전자책 시장은 이제 시작이다. 국내 업체들끼리 선의의 경쟁을 해야 한다. MP3 시장에서도 보았지만 세계 1위 업체라도 안주했다가는 금방 순위가 뒤바뀔 수 있다.

그런데 애플은 콘셉트를 다르게 해서 이 시장에 접근했다. 애플은 디지털 기기를 단순한 기기로만 보는 것이 아니다. 타 경쟁업체들이 하드웨어의 사양을 보다 크게 보다 많은 용량에 치중하는 정량적인 전략을 구사해 왔다면 애플은 자사의 아이폰이나 아이패드를 통해서 애플의 핵심 전략은 바로 콘텐츠에 있다는 사실을 대중들에게 이야기하고 있다. 이것이 바로 핵심 키 그 자체다.

애플의 성공을 뒷받침하는 것은 바로 콘텐츠 유통 시장이다. 그렇다고 앱 스토어만 키우려고 하지 않았다. 인터넷이라는 훌륭한 네트워크를 활용해서 e-Book과 음악, 비디오, 뉴스 등이 자연스럽게 실시간으로 열람이 가능하게 한 뒤 소액의 사용료를 지불하게 하는 꿈의 네트워크를 스티브 잡스는 구상하고 있었던 것이다.

아이패드를 통해서 사람들은 보다 진보된 개념의 디지털 기기를 사용하게 되었다. 그에 발맞추어서 『뉴욕타임스』와 같은 세계 유수의 언론사들이 뉴스 콘텐츠의 유료화를 진행하고 있다. 소비자들은 편리하게 자신에게 배달되는 e뉴스에 관심을 갖게 될 것이다. 스티브 잡스는 채널을 만들어 놓고 물을 틀면 그 물을 유료로 사용하는 시장을 향한 성공의 언덕을 넘어가고 있다.

유료화된 뉴스는 무료 신문에 비해서 알차고 좋은 서비스로 승부를 할 것이다. 뉴스의 즉시성이나 콘텐츠의 질이 현격히 차이 나게만 만들면 유료 사용자들은 오프라인 신문보다 저렴하면서 신문을 넘기는 느낌까지 갖게 된 아이패드에 심취하게 될 것이다. 이러한 뉴스 콘텐츠의 유료화를 전 세계가 지켜보고 있다. 몇십만 명의 적정 사용자 수를 확보해 손익분기점을 넘기고 나면 이러한 콘텐츠의 유료화는 봇물이 터지듯이 세계를 휩쓸 것이다.

유료화된 콘텐츠는 금액 부담이 없는 매우 저가형의 모델이어야 한다. 아이폰에서 대다수의 콘텐츠는 1달러 미만으로 거래되고 있다. 사람들은 그 금액이 복제비보다 저렴한 것으로 인식해서 해당 콘텐츠를 구매하기 시작했다. 하나의 콘텐츠를 복제하기 위해 인터넷으로 검색을 하고 다운로드를 받아서 압축된 파일을 풀고 다시 자신의 기기로 넣는 일련의 작업을 거치는 대신 1달러 미만의 돈을 기꺼이 지불하는 것이다. 어떤 사람이 한 콘텐츠를 복제하기 위해 들이는 시간과 노력에 비해 비용이 저렴하다 할 것이다.

하지만 콘텐츠 생산업체의 입장에서 개당 1달러는 결코 적은 금액이 아니다. 콘텐츠는 지속적으로 사라지지 않고 팔릴 것이며 그것이 전 세계적으로 대량의 물량으로 팔릴 때 오는 매출의 합산은 결코 무시할 수 없는 액수가 되기 때문이다. 콘텐츠에 대한 집중은 결국 전 세계인을 자

신의 플랫폼으로 끌어들이는 기적과 같은 비즈니스의 연결고리를 만들
수 있게 한 것이다.

애플 생태계의 출현

요즘 애플의 앱 스토어 개발자들이 때 아닌 검색어 리스트 작성에 열을 올리고 있다. 아이폰용 애플리케이션을 개발해 사용자들이 많이 다운로드받게 하려고 사용자들이 자주 검색하는 검색어를 연구하는 것이다.

실제로 사용자들이 모바일에서 검색을 하는 사례가 부쩍 많이 늘어나고 있다. 『전자신문』의 미래기술연구소에서 2010년 상반기 설문조사를 한 결과에 따르면, 스마트폰 사용 전후를 비교해 무선 인터넷 이용량이 늘어났다는 답변이 전체의 약 79.2%로 나타났다. 특히 그 중에서도 약 52%는 많이 늘어났다고 답했으며, 이용자의 약 30%는 한 번 이용 시 30분 이상을 오픈마켓에서 사용했다고 응답했다. 이용 장소로는 60%가 지하철이나 버스 등 대중교통 수단을 꼽았다. 응답자의 20%는 커피숍, 식당 등에서 이용했다고 답했다.

스마트폰의 이용자들이 가장 관심 있는 것이 무엇인지를 묻는 질문에서는 가장 많은 사용자 비중인 31.2%의 사람들이 인터넷 검색을 꼽았다. 은행 업무는 12.6%로 2위에 올랐는데 연령대로는 40대가 64%에 달할 정도로 매우 높았다. 모바일 광고가 실질적으로 높은 효과를 기대해 볼 수 있는 구매력 높은 청장년층이 대거 포진되어 있다는 것은 마케터들에게 시사하는 바가 크다.

스마트폰은 주머니 속에 넣고 다니는 컴퓨터다. 24시간 365일 인터넷 환경에 노출된 사용자들에게 광고를 하는 것은 지극히 당연한 일일 수밖에 없다. 양질의 콘텐츠를 제공하기 위해서도 광고는 필수불가결한 것이다. 모바일 광고는 이미 미국에서 선풍적인 인기몰이를 한 바 있다. 사용자들에게 모바일에서 동영상이나 이미지를 보여주고 이러한 이미지에 광고를 실어 놓았던 것이다.

모바일 네트워크에서 가장 많은 인기 서비스로 등극될 콘텐츠는 우선 다른 사람들과의 관계형 네트워크 모델이다. 기존 인터넷에서 우리는 이미 각종 카페나 블로그를 통해서 오피니언 리더의 위치를 가진 사람들과의 관계형 네트워크에 대해서 경험을 해 보았다. 또한 지인들을 한 번에 연결시켜 주는 메신저도 매우 유용하게 사용한 경험을 지니고 있다. 모바일에서 이러한 기존 인터넷상의 인간관계는 보다 구체적이고 지역적으로 발전할 개연성이 높아 보인다.

인터넷의 발달은 개개인의 파워를 최대한 끌어들이는 시스템으로 발전하고 있다. 인터넷은 언론이 가졌던 마이크를 블로그를 통해 개인들에게 나누어 주는 역할을 했고, 개인들의 목소리는 이제 힘을 갖기 시작했다. 그것의 결정판은 트위터이다.

현재 전 세계적으로 대세인 인간관계 네트워크는 트위터이다. 한국에서는 미투데이를 빼고 나면 차별화된 콘텐츠로 승부하는 곳은 나오지 않았지만 향후 출시가 될 관계형 애플리케이션은 지역성에 기반할 가능성이 높다. 즉 사용자들이 집이나 직장에서 이동하는 모습을 점으로 나타내 보여줄 수도 있게 되고, 그러한 네트워크 형태에서 자신의 지역에 가까이 거주하는 사람들과 인사를 하고 이야기를 나누게 되는 놀라운 경험들이 가능해질 것이다.

이것은 우리 동네에서 일어나는 일들에 대해 보다 관심을 가지게 만들 것이며, 향후 오프라인 세상을 온라인에서 그대로 공유하게 만드는 사이버 소사이어티로의 진화로 이어질 수도 있다. 미국에 세컨드라이프와 같은 가상세계가 있지만 미래의 트위터는 보다 더 철저히 지역에 기반한 실제 거주민들의 공간으로 재탄생될 여지가 있다.

이러한 것은 해당 포털에 접속한 모든 사람들이 공유해서 알게 되는 것이 아니라, 자신의 위치를 오픈한 대가로 타인의 위치도 보면서 이야기를 나누는 경우로 한정될 것이다. 이때 사람들이 나누는 대화 가운데 특정 회사의 이름이나 브랜드의 이름, 아니면 옷이나 컴퓨터 같은 보통명사에 대응하는 광고가 배너 형태로 보여질 수도 있다.

애플은 중요한 시기에 스마트폰을 만들어 냈다. 시간이 지나면서 이러한 애플의 약진을 막아내는 가장 강력한 경쟁자로 구글이 부상할 것이다. 하지만 오늘날 애플이 만들어 낸 웹 생태계는 가장 필요한 곳에 놓여지는 다리의 역할을 하고 있음이 분명하다.

이제 곧 사람들은 청담동 패션 거리를 모바일을 통해서 걸어볼 수도 있게 될 것이다. 이때 온라인 상점들은 항공사진과 거리에서 찍은 스트리트 사진을 합성한 모습으로 보여 주고, 사용자는 이 사진을 클릭해서 판매원과 실시간으로 이야기를 나누면서 물건을 흥정해 볼 수도 있다. 이러한 부분은 현재 온라인에서도 일어나고 있고 점차 모바일 영역으로 확대되는 추세이다. 다만 기존 인터넷에서는 아직 모바일과 같은 위치 기반 정보에 대해서 취약하다.

현재 포털들에서 향후 무선 인터넷 시장을 선점하기 위해 많은 개발과 노력을 하고 있다. 한 가지 간과하지 말아야 할 것은, 소비자들이 뛰어난 서비스만을 원하는 것이 아니라는 사실이다. 포털을 방문하고 모바일을 이용하는 유저들은 생활 속에서의 작은 편리함을 원한다. 예컨대 전철이 제대로 오고 있는지, 버스가 몇 분에 오는지, 차를 타고 가다가 현재 시간으로 교통 상황은 어떤지 등의 것들을 원한다는 사실이다. 기능은 뛰어나되 사용이 복잡한 것 보다는 기능은 좀 모자라더라도 편리한 UI(User Interface)를 가진 서비스가 많이 나오기를 기대한다.

애플의 콘셉트도 자세히 살펴보면 매우 단순하다. 단순한 룰은 오히려 그 안에 플레이어들이 창의적으로 움직일 공간을 많이 만들어주는 법이다. 애플은 시장을 만들었고, 그 시장은 개개인들의 힘으로 수요와 공급을 이어가는 일종의 생태계가 되었다. 이러한 생태계는 애플이 전부 의도한 것은 아니지만 사이버 소사이어티로 가는 중간 다리 역할을 충분히 해내고 있다.

아이폰이 보여 주는 완전성

화장실에 갈 때 신문을 가져가는 것은 필자의 오래된 습관이다. 잘 고쳐지지
않는다. 아니 고치고 싶지도 않다. 그런데 어느 날 화장실에 가려고 보니
주말이어서 신문을 분리수거해서 다 버린 후였다. 신문이 없어서 당황
하다가 아이폰을 들고 화장실에 들어갔다. 결과는 대만족이었다. 필자가
보고 싶은 신문을 그대로 볼 수 있게 된 것이다. 아쉽다면 화면의 크기가
좀 컸으면 하는 부분이었다. 그런데 한국에도 곧 아이패드가 출시된다.

아이폰에서 시작된 디지털 혁명은 아이패드로 넘어가면서 이른바 애
플빠들을 기쁘게 만들어 주고 있다. 필자도 원래는 애플에 그렇게 열광
적이지는 않았지만 아이폰을 계기로 맥북에 대한 시선을 바꾸게 되었
다. 아이폰이 보여주는 기존 제품과의 차별성과 제품의 완전성, 그리고
편리함이 맥북에서도 구현되지 않을까 하는 기대감 때문이다. 필자는

앞으로 아이패드를 통해, 아이폰에서는 제대로 하지 못했던 바둑도 두게 될 것이다.

바둑 인구는 한국에 제법 많다. 약 1천만 명이 존재한다. 지금의 디지털 기술에서 모션 인식 기능이 아이패드에 장착되는 것은 시간문제일 것이다. 과연 누가 지금의 기술 발전 속도에서 안 되는 일이 있다고 생각할 수 있을까. 만일 향후 모션 인식 기능이 바둑에 들어간다면 마치 바둑돌의 통에서 바둑알을 꺼내어 두듯이 거실에 앉아서 무릎 위에 아이패드를 놓고 바둑을 둘 수 있게 된다. 손가락이 착점하는 지점까지 돌이 그림자처럼 따라와서 두게 되는 기능이 얹어진다면 그야말로 실제 바둑을 두는 것과 다른 것이 무엇이 있을까. 오히려 기존 마우스로 두는 바둑보다 더 현장감이 느껴질 수 있다.

오늘날 우리의 비즈니스는 점차 공간을 벗어나고 시간을 벗어난다. 해외의 비즈니스 파트너는 내가 잠든 시간에 깨어서 일을 한다. 그들과의 교감은 한국 시간으로 저녁 10시가 넘어야 가능한 경우도 종종 있다. 그때 메일 한 통을 확인하기 위해서 컴퓨터를 켜고 마우스를 준비해야 하는 일은 번거롭고 불편함을 초래한다. 하지만 아이패드라면 그냥 전원을 켜고 1초도 안 되는 시간에 메일 확인이 가능해진다. 기존 컴퓨터처럼 부팅 시간이 길지 않기 때문이다. 터치를 통해서 교감하는 인터페이스를 활용한 무한한 게임들이 더 쉽게 가능해지게 된다.

비즈니스 업무로 오래 쓰기엔 분명히 불편하겠지만 앞서 언급한 대로 아이패드의 콘셉트는 라디오다. 아이패드가 세계적인 관심을 받고 있는 이유다. 특히 오피스웨어로 탑재된 아이워크는 완전히 아이패드를 위해서 만들어졌다. 가격은 착한 가격 1만 원 정도이다. 소프트웨어 4종을 다사도 약 4만 원이면 된다. 마이크로소트트의 가격에 비교하면 십분의 일도 안 된다. 앱 스토어에는 이미 아이패드용 북 스토어가 준비되어 있다. 컬러로 원하는 책을 마음껏 볼 수 있는 구조로 만들었다.

이러한 아이패드는 우리에게 진정한 유비쿼터스 환경을 가져오고 있다. 24시간 365일 인터넷에 접속이 가능한 세상이 만들어지고 있는 것이다. 아이패드는 거실의 TV 옆에 놓여 가정용 전화기 용도로 활용될 수도 있다. 전화번호부보다 더 빨리 사람을 찾아주고, 자주 배달시키는 중국집과 피자집의 전화번호를 넣어두고 바로 연결할 수도 있다.

매번 중국집 전화번호를 찾는 일은 매우 귀찮다. 필요한 광고 전단지를 냉장고에 잘 붙여놓고 다음에 전화할 때 써야지 하지만 어느 순간 가족 누군가에 의해 쓰레기통으로 들어가 버린다. 아이패드는 우리에게 디지털 전단지 시대를 열어줄 것이다. 누군가는 전단지 애플리케이션을 만들고 지역 기반으로 서비스가 가능하게 할 것이다. 게다가 가정용 앨범으로도 활용이 가능하다. 원하는 사진을 온라인에 저장시켜 놓고 거실에 앉아서 바로 앨범을 볼 수도 있고 아이폰으로 촬영한 동영상을 가족과 함께 아이패드로 볼 수도 있다.

아이패드는 기존 오디오나 라디오를 대체할 수도 있다. 집안에 은은히 울러 퍼지는 팝송을 틀어놓고 멀티태스킹으로 작업이 가능하다. 급한 이메일을 주고받을 수도 있으며 혼자서 영화를 다운로드받아서 보고 싶을 때 소파에 앉아서 영화를 감상할 수도 있다. 거실용 메모장으로 필기를 인식해서 바로 상대방의 연락처를 남기거나 장을 보기 위한 물품을 입력하거나 프린트하여 볼 수도 있다.

집안에 놓인 지도책으로도 활용이 가능하다. 원하는 휴가지를 찾고 싶거나 해당 번지의 항공사진을 보고 싶을 때 아이패드로 간단히 찾아 볼 수도 있다. 소파에 앉아서 리모콘으로 사용할 수도 있고 자신이 원하는 정보 사이트에 접속해서 정보를 보고 이를 공유할 수도 있다. 과거 넷북이나 노트북에서는 반응 속도가 느렸던 소비자들의 반응이 매우 빨라지는 역할도 충분히 수행해 낼 것이다.

소셜 네트워크 사이트들은 이제 자신의 소속 멤버들을 거실에서도 불러낼 수 있게 되었다. 지금까지 트위터, 미투데이를 책상에 앉아서 사용했다면 이제 거실에서 사용하게 된다. 어떤 이들은 화장실에서 이런 사이트에 접속해서 글을 편하게 읽고 쓸 수 있게 될 것이다. 이것은 시간과 공간의 제약을 넘어 끊임없이 연결된 디지털 환경을 보장한다. 아이패드는 우리 가정의 필수품으로 자리 잡을 것이다. 트위터나 미투데이에서 간단한 글을 읽고 한두 줄 자신의 느낌을 올리기에 아이패드는 훌륭한 디지털 서포터가 된다.

아이패드는 9.7인치 광시야각을 지닌 멀티터치 디스플레이 태블릿이다. 다양한 각도에서 볼 수 있고 해상도는 1024×768이다. CPU도 애플에서 직접 애플 A4라는 1GHz CPU를 탑재했다. 첫 번째 출시 버전은 외부 인식 카메라를 장착하지 않았다. 또한 3G 전화망이 포함되어 있는 제품과 와이파이만을 탑재한 제품군으로 나뉘어 있다.

초기 버전에서 애플이 가정용 태블릿으로 아이패드를 출시한 이유는 e북 시장에 대한 출사표이기 때문이다. 게임을 하려는 수요도 흡수하고 가정에서 편리하게 활용할 수 있는 기존 컴퓨터를 대체하는 상품으로 콘셉트를 잡은 것이 아니라 커피와 프림처럼 보완재로써의 컴퓨팅 작업이 간단히 가능한 제품을 지향했다.

애플은 한 번에 거실 문화를 바꾸고 싶어 한다. 그것은 스티브 잡스의 마법 주문과도 같다. 하지만 디지털 기기가 한 번에 세상을 변화시키는 경우는 극히 드물다. 아이폰도 아이팟에서 출발하면서 서서히 세상을 변화시킬 준비를 하고 사람들의 관심을 끌어온 것처럼 아이패드도 이러한 단계를 거치게 될 것이다.

애플의 전략은 매우 훌륭하다. 경쟁자들에게는 아무것도 아닌 것처럼 소프트웨어 시장을 작게 만들어서 서서히 준비를 해오다가 아이폰의 세계적인 관심을 끌어내고 동시에 기존 아이폰의 가장 큰 단점인 화면 크기를 완전히 극복하고 전 세계 개발자들이 관심을 가질 수 있는 새로운 영역을 또 만들어 냈다.

이제 우리 시대는 우리가 느끼지 못하는 시간을 거치면서 서서히 변화되기 시작할 것이다. 콘셉트를 리드한 이상 이렇게 만들어진 새로운 라이프스타일로서의 아이패드는 최소 1세대의 트렌드 리더로 자리매김을 할 것이 분명하다.

아이패드는 초기 버전으로 어도비의 플래시가 적용되지도 않았고 TV 콘텐츠도 제대로 없는 상태로 출시가 되었다. 하지만 이러한 초기의 약점은 곧 상쇄될 것이 확실하다. 아이패드의 이러한 하드웨어적인 불완전성은 결국 두 번째 버전이나 세 번째 버전으로 넘어가면서 지원이 될 것이고 전 세계에 퍼져 있는 애플 마니아 개발자들은 기발한 소프트웨어를 지속적으로 개발해 낼 것이 확실하기 때문이다.

아이패드나 아이폰과 같은 디지털 기기들은 이제 전통적인 매스미디어들이 주는 전달 메시지에 매우 빠르게 수용자들이 반응하도록 세상을 변화시킬 것이다. 이러한 정보 전달 속도는 과거 인터넷이 가지고 온 충격파 이상으로 다가올 것이다. 정보 전달의 속도는 정보 생성의 속도를 빠르게 만들고 정보의 반응 속도도 빠르게 만든다. 세계의 디지털 시간을 한층 가속화시켜 인류에게 여유 시간을 만들어 줄 것이다.

이제 우리는 생활 속에서 컴퓨팅을 제대로 즐기게 되었다. 그것도 어떤 애플리케이션들이 우리의 거실을 풍요롭게 해줄 것인지 새롭게 출시되는 소프트웨어들을 기쁜 마음으로 기다리면서 말이다.

아이폰이 문화를 바꾼다

필자의 지인인 ㈜디엔에이소프트의 김연수 대표는 아이팟터치 시절부터 애플 제품을 사용해 온 마니아다. 그는 아이팟터치를 항상 들고 다닌다. 아이팟 터치에서 무선망을 연결해 주는 에그 단말기를 사용해서 언제 어디서 나 인터넷을 사용한다.

에그 단말기는 와이브로 기반의 무선 인터넷 공유기이다. 쉽게 말하 자면 와이브로 신호를 와이파이로 바꿔주는 것이다. 아이폰의 전신인 아이팟터치는 이미 멀티터치를 보여 주고 있었다. 손가락 하나를 사용 할 때와 두 개를 사용할 때, 세 개를 사용할 때를 달리 인식해서 나른 기 능이 작동되게 만들었다.

그의 아이팟터치 사용을 옆에서 지켜보니 편리함 그 이상이다. 바탕 화면에 MSN 아이콘이 있어서 클릭을 하니 누군가가 말을 걸어왔다. 출장을 가기 전에 세계의 날씨를 볼 수 있고 1시간 전에는 해당 지역의 실제 사진이 보였다. KTX 승차권 조회가 가능한 것은 물론 수도권 버스 정보도 알 수 있다. 아이팟터치는 아이폰의 전신이다.

필자는 인터넷 마케팅 컨설팅 회사인 ㈜클렉스를 운영하면서 아침에 눈을 뜨면 회사의 인트라넷에 들어가는 습관이 생겼다. 하지만 아이폰을 쓰면서 필자의 생활은 몇 달 사이에 많이 바뀌었다. 침대에서 일어나 아이폰을 켜기만 하면 바로 핸드폰에서 회사의 모바일 오피스가 열린다. 이메일을 확인하고 전자 결재 시스템으로 결재도 바로 가능하다.『매일경제』나『중앙일보』를 열면 오늘의 신문도 바로바로 필자의 아이폰으로 들어온다. 네이버 메일과 G메일도 바로 확인이 가능하다. 따라서 이제는 굳이 아침 시간에 서둘러서 컴퓨터 앞에 앉으려고 애쓰지 않는다. 호주머니 속에 컴퓨터를 한 대 넣고 다니고 있는 느낌이다.

이런 기능들은 기존 인터넷 환경에서는 매번 컴퓨터 앞에 앉아야 하는 번거로운 일이었지만 아이폰에서는 매우 유용하게 사용된다. 아이폰은 단순한 스마트폰이 아니다. 핸드폰, 인터넷 연결, MP3, PMP, 비디오, 카메라, 녹음기, 영어 학습기, 게임기, 라디오 등으로 활용할 수 있다. 게다가 각종 메일을 볼 수 있고 엑셀과 워드프로세서 등 다양한 종류의 서류 통합 뷰어, 메모지, 알람시계 등을 합쳐놓은 제품이다. 이렇게 서술한 것도 전체 기능의 5% 정도에 불과하다.

DMB는 아니지만 관련 TV를 볼 수 있는 애플리케이션을 앱 스토어에서 다운로드받으면 MBC 교통방송 등 실시간 방송을 볼 수 있다. 노트북을 들고 다니면서 무선으로 인터넷에 접속하던 불편이 핸드폰을 여는 것으로 바로 작동되는 단계로 격상되었다. 현재 자신의 위치를 지도로 확인도 가능하고 인근 주유소나 마켓도 바로 확인이 가능하다. 동영상을 찍어서 바로 유튜브에 올릴 수 있는가 하면 내 컴퓨터에 바로 저장도 가능하다. 사진을 찍어서 사진 전문 사이트인 플리커에 올려 친구와 공유하거나 자신의 컴퓨터로 옮길 수도 있다. 주식 정보도 확인이 가능하고 세계 주요 도시의 날씨도 확인 가능하다.

아이폰의 가장 큰 장점은 앱 스토어에서 수만 가지의 소프트웨어를 다운로드받아서 사용할 수 있다는 점이다. 앱 스토어의 하루 거래량은 수백만 건에 이른다. 사용자들이 필요하다고 느끼는 많은 종류의 소프트웨어가 지원되고 있고 지금도 하루에 수없이 신제품이 올라온다. 정말 대단한 파워가 아닐 수 없다.

지금까지 대한민국의 이동통신사들은 철의 장막으로 무선망을 오픈하지 않고 있었다. 폐쇄적인 무선망의 이용, 이것이 각 이동통신사에게는 황금알을 낳는 거위 역할을 해왔지만 아이폰이 상륙하면서 이러한 정책은 허물어지고 있다. 사람들이 해외에서의 무선 인터넷 사용 환경과 국내의 사용 환경이 다르다는 것에 눈을 뜨기 시작했기 때문이다.

최근 정부에서는 무선 데이터 요금의 무한 정액제를 강력히 추진하고 있다. 한국이 무선 인터넷의 최강자가 되려면 와이파이를 통한 무선 인터넷 무한 정액제를 빠른 시간 내에 이루어내야 한다. 그러면 보다 많은 사람들이 스마트폰을 이용하고 무선 인터넷을 통해 활발한 비즈니스를 하게 될 것이다.

일본의 경우 2000년대 초에 처음 모바일 인터넷이 시작되어서 2005

년에 정액제 서비스가 개시되었고 현재는 약 1억 1천만 명의 휴대폰 사용 인구 중에서 80%가 모바일을 통한 무선 인터넷을 사용한다. 일본의 15세에서 18세의 모바게타운(일본 휴대폰 종합 포털) 회원을 조사한 결과, 모바일을 통한 접속이 177분인데 반해서 컴퓨터를 통한 접속은 165분으로 모바일이 컴퓨터를 앞지른다는 결과가 나왔다.

또한 『뉴욕타임스』 보도에 따르면 2007년 베스트셀러 10개 중 5개가 모바일을 통해 배포된 소설이었다. 모바일 소설 분야의 1위 작가 가코스 타츠는 소설의 인세 수입으로만 연 500억 원의 수익을 올리고 있다.

아이폰의 한국 출시는 이러한 기존의 폐쇄된 유통 구조와 가격 구조의 높은 벽을 허물어 가는 큰 바위 역할을 하고 있다. 그동안 한국의 이동통신사들은 휴대폰이라는 인프라를 바탕으로 과거 PC통신과 같은 길을 걷고 있었다. 소비자들은 이동통신사들을 통해 무선 인터넷을 사용해야만 했다. 이 과정에서 이동통신사들은 인터넷 접속료로 많은 수익을 거두어 왔다. 물론 한국에서도 OZ와 같은 인터넷 접속이 가능한 휴대폰이 있었다. 하지만 와이파이를 통해 진정한 모바일 컴퓨터의 수준으로 가기에는 부족했다. 무선 인터넷이 보다 일찍 개방되었다면 트위터보다 더 훌륭한 세계적인 유무선 통합 사이트가 한국에서 나올 수도 있었을 것이다.

아이폰은 무선 인터넷 환경의 대중화를 이끌어 냈다. 기업들은 모바일 오피스를 속속 도입하고 있으며, 다양한 계층의 사람들이 클릭 한 번으로 세상의 모든 정보를 검색해 볼 수 있는 시대가 되었다. 정보는 지식이며 지식은 권력이다. 아이폰은 그러한 정보의 수평화를 이끄는 마차다. 과거에는 상상도 할 수 없는 일이었지만 우리는 트위터나 미투데이를 통해서 정치인이나 인기 연예인들과 사소한 일상을 이야기하는 시대가 되었다. 책이 나올 때까지 기다리지 않아도 매일같이 트위터를 누비는 이외수의 글도 읽을 수 있다. 지금까지와는 다른 지식의 유통 체계가 만들어지고 있는 것이다.

한국의 기술력과 경쟁력은 이제부터 시작이다. 잘 알다시피 한국의 휴대전화는 전 세계를 휩쓸고 있다. 삼성과 LG라는 대기업들이 한국의 위상을 세계에 알리면서 선전하고 있는 것이다. 하지만 상대적으로 국내 사용자들이 불이익을 받아온 것도 사실이다. 앞으로는 국내 시장을 놓고 스마트폰에 대한 경쟁이 심화될 것이다.

아이폰, 포털 순위를 바꿀 수 있다

아이폰의 폭발적인 분위기에 포털들은 분주하다. 아이폰은 기본적으로 사파리를 기본 브라우저로 사용한다. 사파리에서는 메인 페이지의 플래시를 잘 인식하지 못한다. 별도의 모바일페이지로 가자니 보여줄 수 있는 페이지가 너무 작다. 그렇다고 새롭게 진입을 하자니 기존 인터넷 익스플로러 환경에 최적화시켜 놓은 시스템을 어디서부터 고쳐야 할지 막막해진다.

여기서부터 고민은 시작된다. 과연 웹 사이트는 이제 어떤 브라우저에 최적화시켜 만들어야 할 것인가. 아이폰은 한국에서 단기간에 100만 대 이상 돌파될 수 있는 파괴력을 지니고 있다. 그런데 아이폰에서 포털들은 너무 작게 비춰진다. 아이폰에서는 한국의 유명 포털들을 작은 북마크로 전락시키고 말았다. 과거처럼 컴퓨터를 켜고 브라우즈를 눌러서 자신이 설정해 둔 포털을 보면서 검색을 하지 않는다. 아이폰에 대한 포털들의 반응을 보면 위기감이 감지된다. 네이버는 미투데이를 인수하고 윙버스 맛집 오픈캐스트와 웹툰 등으로 모바일 정보를 강화시키고 있다. 다음도 다음TV팟 등 다양한 메뉴를 넣고 있다.

하지만 과거 포털들이 움직였던 정보의 파워가 아이폰에서는 작을 수밖에 없다. 사용자들이 과거처럼 특정 포털들에서 검색을 할지가 고민이다. 아이폰을 접하게 되는 사용자들은 멀티미디어 기기를 체험하게 된다. 검색을 위주로 사용했던 행동 패턴이 달라질 수 있다는 뜻이다. 아이폰은 사람들을 더 이상 책상 앞에 붙들어 놓지 않는다.

2010년 한 해 동안 얼마나 더 폭발적으로 반응이 이어질지 지켜봐야 하겠지만, 아이폰을 비롯한 국내의 스마트폰이 5백만 대를 넘어가면 새로운 인터넷 사용 환경이 정착될 것이다. 그렇다고 기존 사용자들의 인터넷 사용량이 단기간에 줄어들지는 않을 것이다. 하지만 과거보다는 명확한 관점으로 포털을 이용하게 될 확률이 높다. 지금까지 우리가 책상에 앉아서 포털을 사용했던 것을 생각해 보면 답은 쉽다. 컴퓨터를 사용하려고 하는 사람들이 주로 인터넷 뉴스를 많이 보고 메일을 보는 정도의 일은 이제 스마트폰으로도 충분히 처리가 가능하다. 앞으로 포털은 자신들이 스마트폰보다 쓰기에 좋은 이유를 찾아내야 할 것이다.

직접 물건을 사려고 가게 근처에 들러서 검색을 하는 사람들도 많이 생겨날 것이다. 모바일에서 가격 비교를 하면 구매 확률이 매우 높아진다. 특히 용산 전자상가 근처나 별도의 후미진 상점에서도 가격 경쟁력만 있다면 물건을 팔 수 있는 마켓이 생기는 것이다.

꼼꼼하기로 유명한 조윤주 과장은 과거 전자상가에 가서 캠코더를 산 경험이 있다. 기쁜 마음에 물건을 샀지만 같은 물건이 인터넷에서 10만 원이나 저렴하다는 사실을 알고 매우 놀랐다. 하지만 이런 것도 이제 과거의 이야기가 되어 가고 있다. 조 과장은 이제 전자상가에 놀러갈 때 차에 앉아서 아이폰으로 검색한다.

물건을 살 때, 특히 전자기기의 경우 좀 알고 오는 사람들에게는 정확한 금액을 부른다. 인터넷에서 얼마를 보고 오셨느냐고 몸을 낮춘다. 해당 상품의 전문용어도 쓰지 못하고 기기에 대해서 잘 모르는 여성 고객에게는 바가지를 씌우기 일쑤다.

하지만 스마트폰의 보급이 활발해지면서 이러한 일은 사라지고 있다. 휴대폰에서 간단히 해당 제품의 모델명만 입력하면 바로 가격 낮은 인터넷 쇼핑몰에서 제시하는 금액을 볼 수 있기 때문이다. 이러한 인터넷 이용 환경은 아이폰 혁명이라 일컬을 수 있다.

검색 수요자들의 커뮤니티를 통해서 불친절한 업소는 아무리 좋은 곳에 위치하더라도 망할 수 있고, 맛은 있지만 지리적 한계로 매출이 적던 음식점이라도 앞으로는 운영이 잘 될 수 있게 된다. 검색 수요자 간의 정보는 더욱 빨라지고 콘텐츠는 보다 실시간으로 접근할 것이기 때문이다. 여기에 음성으로 검색하는 기능이 접목되면 웹은 지금까지의 성장 속도보다 더 빠르게 진보해 나갈 것이다.

아이폰은 또한 현재 일본에서 유행하고 있는 QR(Quick Response) 코드 같은 바코드 검색이라는 새로운 비즈니스의 기회를 한국에도 열어줄 것이다. QR 코드는 제품의 바코드와 같은 것을 모바일에서 인식할 수 있게 만든 것이다. 상품에 대한 매뉴얼이나 사용법을 동영상으로 제작하여 인터넷에 올려놓으면, 구매자가 이를 사진으로 찍은 뒤 바로 해당 사이트에 접속하여 추가 정보를 볼 수 있게 만든 것이다. QR 코드는 일본에서 각종 전단지나 소주의 라벨에도 붙어 있고 심지어 선거 홍보 시 벽보에도 붙을 정도로 인기몰이를 하고 있다.

소주의 경우 라벨에 상품에 대한 모든 정보를 넣기는 매우 작고 또 법에도 저촉되지만 QR 코드를 넣어두면 사람들이 그 코드를 휴대폰으로 찍어서 검색을 할 수 있다. 그러면 상세한 자료가 바로 모바일 웹에서 보이게 된다. 심지어 일본 디즈니랜드는 옥외광고에도 대형 QR 코드를 첨부하여 홍보를 하고 있다. 소비자들은 길을 걷다가 QR 코드만 찍으면 디즈니랜드에서 제공하는 애니메이션을 바로 다운로드받을 수 있는 것이다.

한국에서는 오프라인과 연계하는 부분은 아직 활성화된 부분이 적다. 이동통신 3사의 견해 차이로 표준화가 되지도 못했다. 다만 모바일로 티켓을 다운로드받아서 현장에 가서 바코드 리더기에서 확인을 받는 모바일 바코드 시장은 점차 활성화되어 가고 있다. 이미 구글에서 이미지 검색 전문 고글스가 출시되었기에 한국에서는 QR 코드보다는 이러한 이미지 검색엔진과 연동된 상품을 베이스로 해서 마케팅이 진행될 수도 있다. 일마 전 이동통신 3사가 한국형 앱 스토어를 표준화한다고 발표했다. 매우 고무적인 일이다. QR 코드도 표준화 되어야 한다.

아이폰, 안드로이드폰 등 스마트폰들은 우리나라를 뜨겁게 달굴 것이다. 포털들도 빠르게 적응해야 할 것이다. 자칫하면 포털의 순위가 바뛸 수 있는 위기의 순간이다. 슬기롭게 대처하는 포털은 살아남겠지만 대세를 무시한다면 그 대가는 생각보다 클 것이다. 사용자들은 이미 선을 끊고 거리에 나섰다는 사실을 잊으면 안 된다. 그들에게 새로운 툴을 제공해야 한다. 이제 포털들이 스마트폰과의 차별화를 외쳐야 할 시대가 오고 있다.

모바일에서 직접 타이핑을 하는 것도 좋지만 음성으로 검색을 하는 것은 매우 유용하다. 스마트폰은 아무래도 작은 키보드를 사용해야 하기 때문이다. 음성 인식을 기본 기능으로 제공하는 포털들이 자연스럽게 등장할 것이다. 스마트폰 자체가 멀티미디어 기기이기 때문에 이러한 멀티미디어를 백분 활용할 수 있는 공간을 열어 주는 것은 사용자들에게 좋은 반응을 얻을 것이다. 검색까지 음성으로 편리하게 지원되는 상황에서 기존 포털들의 경쟁력은 과연 어디서 찾아야 할지 미래에 대한 상상력이 필요한 시점이다.

애플의 진로와 구글의 야망

한국에서 애플은 질시의 대상이 되었다. 스티브 잡스가 한 세대 앞서 새로운 제품으로 세계를 놀라게 했기 때문이다. 삼성과 LG가 스마트폰 시장의 하드웨어에 치중해 있는 동안 애플은 새로운 하드웨어와 소프트웨어의 유통 영역을 만들어 내고 그 시장을 통해서 전체 수익을 내고 있다. 스티브 잡스는 아직 아이튠즈에서 얻은 이익은 거의 없다고 말하지만 필자의 생각은 다르다.

최근 애플은 아이튠즈의 뮤직 스토어를 오픈한 이후 지금까지 100억 곡이 팔렸다고 발표했다. 쉽게 이야기해서 7년 간 만약 30원씩만 남았다고 해도 3천억 원이다. 아무리 운영비가 비싸다고 해도 월 300억 원을 넘지는 못한다. 실제 애플의 이익은 곡당 약 300원 수준이다. 환율을 따져서 정확히 계산하면 360원까지도 올라간다. 별도로 사람이 필요하지도 않다. 지난 7년 간 300원 곱하기 100억 곡을 해보면 답이 나온다. 즉 음악만 팔아서 7년 간 3조 원의 이익을 남겼다는 이야기가 된다.

각종 애플리케이션은 현재도 불티나게 팔리고 있다. 업계 전문가들의 분석과는 달리 아이튠즈는 효자 중에서도 효자다. 의미 있는 사실은 2003년 시작한 아이튠즈가 50억 곡을 판매하기까지 걸린 시간은 4년 6개월이 넘었지만 나머지 50억 곡을 팔기까지 걸린 시간은 2년 6개월에 불과하다는 것이다. 디지털 증폭 효과다. 향후 50억 곡을 1년 만에 팔 수도 있게 될 것이다. 연간 예상 수익만 해도 300원씩 계산하면 1조 5천억 원에 가깝다.

아무리 유통 비용이 비싸다고 해도 1조 5천억 원은 결코 적은 돈이 아니다. 물론 장부상에 하드웨어와 소프트웨어로 나누어 매출을 잡겠지만 황금알을 낳는 거위라는 것은 어린아이도 느낄 수 있을 것이다.

애플은 더구나 2009년 4월에 기존 0.99달러로 통일되어 있던 뮤직 스토어의 음반 가격을 0.69달러에서 1.29달러의 차등요금제로 바꾸었다. 이 과정에서 업계 전문가들은 가격이 실질적으로는 약 30% 정도 상승되었다고 본다. 흘러간 옛 노래나 인기 없는 곡들은 0.69달러로 낮추고 최신곡이나 인기곡들은 1.29달러로 조정한 것이어서 뮤직 스토어의 음반 가격 자체가 약 30% 증가한 것이다. 순이익 규모는 더욱 커질 것이다.

애플의 이러한 뮤직 스토어 성공은 전 세계 MP3 시장에서 수많은 사용자들을 다시 아이팟으로 몰고 오는 효과로 이어진다. 아이팟을 이용하면 별도 레코드 가게를 찾지 않아도 되니 사용자 입장에서는 이보다 편리할 수는 없기 때문이다. 아이팟을 경험해 본 사용자들은 다시 아이폰 유저로 넘어간다. 이러한 프로세서에서 우리는 한 가지 배울 수 있는 부분이 있다. 애플은 하드웨어를 기반으로 해서 콘텐츠를 유통하는 시장을 론칭하고 성공시켰다는 점이다.

애플은 새로운 에코 시스템을 만든 깃이다. 에코 시스템은 생태게를 의미하는데, 1930년대 클레멘츠가 주창한 개념으로 생물과 환경을 일종의 유기체로 보았다. 즉 기후, 토양, 빛 등 무생물적인 요소와 생물들이 일종의 유기체로 서로 상호작용한다는 것이다. 하드웨어가 무생물적인 요소라면 소프트웨어는 생물적인 요소가 된다. 여기에 사람이 개입된 유통은 이러한 전체 에코 시스템을 완성해 주는 외부적인 환경이 된다. 이러한 에코 시스템 자체가 이제 블루오션이 된 것이다.

이미 애플은 아이패드를 통해서 북 스토어를 오픈했으며 아마존의 가장 위협적인 경쟁자로 부상했다. 기존 아마존의 킨들이 가진 가격 정책을 바꿀 정도의 관심을 끌고 있으며 업계 사람들의 관심은 이제 아이패드가 과연 얼마나 많이 팔릴 것인가에 관심의 초점을 두고 있다. 미국에서 아마존이 출시한 킨들의 경우 킨들의 판매량 비밀 정책에 의해 정확한 숫자는 공개되지 않았다. 하지만 포레스트 등 시장분석사의 추산으로는 분기별로 약 50만 대가 판매된 걸로 추정된다. 그러한 트렌드에 비추어 볼 때 아이패드의 첫해 세계적인 판매량은 500만 대 이상 될 수 있다.

만일 아이패드가 첫해에 500만 대가 팔린다면 대당 유료 전자책이 10권 이상 팔릴 것으로 예상된다. 즉 e-Book이 첫해 5천만 권이 팔린다는 의미이고 이것은 북 스토어의 예상 판매가를 감안했을 때 음반과는 비교가 안 되게 가격이 높다. 현재 필자가 예상하는 평균 e-Book의 판매가는 약 15달러 수준이다. 애플의 수익은 5달러가 된다. 즉 5달러 곱하기 5천만 권을 하면 애플의 수익이다. 2억 5천만 달러가 첫해 매출로 예상된다. 이 매출 중 대부분이 수익이란 사실을 잊지 말아야 한다. 애플은 콘텐츠를 만들지도 않았다. 다만 유통 마진으로 챙긴 것이다.

기존부터 아이튠즈는 있어 왔고 소프트웨어적으로 구현하는 데 있어서 소수의 정예요원들만 추가로 구성되면 작업은 끝난다. 아이패드를 위해서 만들었지만 기존 아이폰이나 아이팟터치의 사용자들도 이러한 e-Book 콘텐츠에 관심을 가질 것이다. 어쩌면 누군가 아이패드용 e-Book을 아이폰용으로 수정하는 애플리케이션을 개발할 수도 있다. 애플은 이제 아이패드를 필두로 북 스토어를 들고 나왔다. 과거 뮤직 스토어에서 앱 스토어로 이어진 방향성은 북 스토어를 거쳐서 애드 스토어로 이어질 수 있다.

향후 애플은 광고를 거래하는 애드 스토어를 만들 수 있다는 사실을 잊어서는 안 된다. 애드 스토어는 광고를 하고 싶어 하는 업체들이 모여서 자신의 광고 단가를 올리면 애플리케이션에 해당 광고를 넣어 주는 방식이다. 아니면 광고를 실어 주겠다는 업체들의 단가를 모아서 다시 광고주들이 해당 광고 애플리케이션을 선택하는 방식으로 생겨날 수도 있다. 애플이 모바일 광고회사를 인수한 것은 모바일 광고 시장을 보겠다는 의미이다. 구글의 영역과 겹친다.

애플의 아이튠즈를 통해서 사람들의 일자리를 찾아주는 서비스도 가능하다. 일을 하고 싶은 사람들의 리스트와 일을 찾는 사람들의 리스트를 업데이트하면 편리하게 진행될 수 있다. 즉, 휴먼 스토어도 가능해진다. 향후 아이폰을 통해서든지 아이패드를 통해서 자신의 집에 있는 물건을 올리는 일도 가능해진다. 옥션과 같은 사이트들이 빠르게 애플리케이션을 개발하거나 움직이지 않으면 안 된다. 지마켓이나 옥션 등 주요한 오픈마켓도 결코 애플과의 경쟁과 무관하지 않다는 사실을 잊어서는 안 된다.

애플은 이러한 유통 시장에 뛰어드는 모든 에코 시스템을 갖추고 있다는 사실을 기억해야 한다. 만일 애플이 하나씩 시장을 장악하고자 마음을 먹는다면 이러한 유통시장조차 모두 애플의 손아귀에 들어갈 수 있다.

만약 당신이 지인에게 선물로 받은 노트북이 있고 별도 사용 용도가 적어서 온라인으로 판매를 원한다고 하자. 그냥 아침에 아이폰으로 동영상을 찍어서 올리고 가격을 적어 놓고 있다가 저녁에 아이튠즈에서 다운로드받을 것이 있어서 다시 접속할 수 있을 것이다. 이때 해당 소프트웨어가 당신의 개인 마켓에 물건이 올라와 있다고 판단하고 당신에게 판매할 것인지 물어본다면 당신은 이베이의 시스템보다 더 편리하다고 생각하게 될 것이다.

대다수의 판매를 희망하는 사람들이 여러 경로로 물건을 올리는 번거로움 때문에 거래를 기피하고 있다. 만약 이런 불편함이 아이튠즈를 통해서 개선된다면 아이폰은 새로운 영역으로 파고 들 수 있는 초석이 될 수도 있다.

물론 이베이가 이런 경쟁이 들어온다고 해서 망하지는 않을 것이다. 하지만 전 세계적인 인지도와 독보적인 시스템을 가지고 세계인의 중고 물품 및 신제품 거래장터로 발전해 나가고 있는 이베이가 적지 않은 타격을 받게 될 것은 분명하다.

이러한 거래가 활발해지면 결국 이베이도 애플의 경쟁사가 될 수 있다는 사실을 잊어서는 안 된다. 물론 영역과 시스템의 차이 때문에 약간 다른 시장으로 접근이 되겠지만 현재 애플은 아이튠즈를 통해서 소프트웨어 유통 시장에 뛰어들었다는 사실이 중요하다. 그것도 막대한 수익을 일구고 매일같이 성장을 하면서 말이다. 애플의 수익을 분석해 보니 30%가 넘는다. 하드웨어만으로는 절대 이런 수익은 나올 수가 없다.

애플은 과거 마이크로소프트와의 표준화 경쟁에서 뒤처진 바 있다. 따라서 새로운 콘셉트를 만들면서 자신이 타깃이 되는 목표점을 많이 만들려고 노력하고 있는 듯하다. 아이폰의 출시 후 바로 아이패드가 출시되는 점에서도 그렇고 아이튠즈가 타깃이 되지 않도록 이익이 거의 없다는 말을 한 점도 그렇다.

이익이 있으면서도 거의 없다고 표현한 것은 해당 시장이 자신에게 약점이 될 수 있다고 생각했기 때문이다. 즉 막대한 파워를 가진 회사들이 진입장벽이 없이 뛰어들 수 있는 시장이라고 스티브 잡스 스스로도 생각하고 있을 것이다. 애플이 만든 새로운 스마트폰의 에코 시스템에 구글이 뛰어들었다고 스티브 잡스가 열을 올리는 것도 이해할 만하다.

하지만 애플의 움직임에 구글이 대처하지 못했다면 아마도 오늘날 안드로이드폰은 빛을 발하지 못했을 것이고, 우리는 스마트폰에서의 거대한 독점 기업 애플을 마주하고 앉아 있을 수도 있다. 구글이 애플의 영역에 뛰어든 것은 아래에서 다시 말하겠지만 애플 역시 구글의 영역에 도전장을 내밀었기 때문이다. 바로 모바일 인터넷 광고 영역이다. 애플은 모바일 광고회사를 인수하려는 시도를 했고 그것이 구글에 포착이 된 것뿐이다. 그것도 세계에서 제일 큰 모바일 광고회사를 인수한다는 소문은 구글의 경영진을 자극했음이 분명하다.

과연 누가 1조 원에 가까운 돈을 투자하면서 그 사업에는 관심이 없다고 생각할 것인가. 실제 애플의 영역이 광고로 넘어온다면 구글은 자신의 고유한 영역을 침해받는 것으로 판단할 수밖에 없다. 물론 구글은 애플이 모바일 광고에 욕심을 내기 이전부터 모바일 시장에 눈독을 들이고 있었다. 수많은 구글의 애플리케이션들은 이미 모바일 시대를 겨냥하고 만든 제품들로 가득 차 있다.

구글이 안드로이드폰을 발표한 배경은 다음과 같다. 안드로이드는 인간형 로봇을 일컫는 말이다. 그리스 어에서 파생된 단어다. 여성형 안드로이드는 지노이드라고 부르기도 한다. 구글은 임베디드(Embedded) 플랫폼을 만들어 냈다. 임베디드란 일반 컴퓨터가 아닌 여타 TV나 스마트폰, 냉장고 등에서 기존 컴퓨터의 모든 기능이 아닌 일부의 기능만 사용하고자 할 때 사용되는 시스템이다. 즉 임베디드 플랫폼은 구글의 안드로이드를 사용해서 하드웨어를 컨트롤할 수 있는 작은 OS라고 생각하면 쉬울 것이다. 컴퓨터처럼 기본 운영체제를 가지고 복잡한 모든 일을 처리할 수는 없지만 간단한 업무 처리는 가능하게 만들어 놓은 시스템인 것이다. 향후 이러한 임베디드 시스템은 매우 유망한 분야라는 것이

업계 전문가들의 총평이다. 이러한 임베디드 플랫폼을 세계에 오픈하면 구글의 광고가 다양한 하드웨어에 보여질 수 있는 계기가 될 것이다.

2007년 6월 애플은 아이폰을 출시했고, 정확히 74일 만에 100만 대를 팔아서 스마트폰의 시장 가능성을 열었다. 그리고 구글은 이에 고무되어 애플의 영역에 도전장을 내밀게 된 것이다. 구글은 그해 11월에 플랫폼을 들고 나왔다. 애플 아이폰의 대항마라고 하기에는 다소 이색적인 안드로이드 플랫폼을 들고 나온 것이다. 즉 모바일 환경에 최적화된 리눅스 기반의 운영체제와 사용자 인터페이스, 그리고 응용프로그램의 패키지를 발표했다. 바로 OHA(Open Handset Alliance)이다.

여기에는 전 세계 유수의 이동통신 업체들과 휴대전화 제조업체들, 반도체 업체들이 망라되어 있다. NTT 도코모, 차이나모바일, 삼성전자, LG전자, 모토로라, 인텔 등이 포함되어 있다. 그리고 구글은 약 1천만 달러를 안드로이드 기반 애플리케이션을 개발하는 개발자 상금으로 내놓았다. 100억 원에 달하는 상금은 결코 작은 금액이 아니다. 애플의 성공을 혼자서 감당하기보다는 전 세계적인 연합군으로 대처하겠다는 전략을 발표한 것이다.

이미 이때부터 구글과 애플의 전쟁은 시장되었다고 해도 과언이 아니다. 하지만 구글과 애플은 당시까지만 하더라도 서로가 갈 길이 다르다고 생각했다. 구글은 소프트웨어 회사이니 플랫폼을 만드는 것은 당연하고, 애플은 하드웨어 회사로 스마트폰 시장을 개척했다고 서로 동상이몽을 꾼 것이다. 하지만 2008년 10월에 구글이 안드로이드 기반의 핸드폰 G1을 출시하면서 상황은 급반전되기 시작했다. 구글은 애플의 아이튠즈 모델을 답습한 안드로이드 마켓도 출시했다.

이제 아이폰에서 더 이상 구글 검색을 사용하기가 쉽지만은 않을 것이다. 구글과 경쟁 구도로 접어든 애플이 마이크로소프트 사의 빙을 주 검색엔진으로 채택한다는 소문이 세계적으로 퍼지고 있기 때문이다. 여기에 애플은 아이패드를 발표하면서 북 스토어의 콘텐츠 장터인 아이북을 오픈했다. e-Book 콘텐츠는 구글이 오랜 시간 공을 들여온 분야다. 그동안 구글은 온라인에서만 이것을 취급한다는 약점을 가지고 있었다. 그 상황이 반전될 상황이 만들어진 것이다.

애플의 경쟁력은 타이밍이다

소셜 네트워크 사이트들에 접속을 한 사람들은 자신이 세상과 실시간으로 연결되어 있다는 것을 느낀다. 카페나 블로그와는 또 다른 세상이 펼쳐지고 있는 것이다. 이러한 실시간적인 커뮤니케이션은 지금까지와는 다른 인간관계를 온라인에서 맺어주고 있다. 그리고 오프라인에 버금가는 친분이 서서히 생기고 있다.

이러한 커뮤니케이션의 원활함은 소비자들이 원하는 것이었다. 애플은 이러한 시장을 보고 전략적으로 접근했고 이동통신사들이 소극적으로 투자해 왔던 와이파이 무선 랜 시장이 열리는 계기를 만들었다. 애플의 파워는 미래를 보고, 전략적으로 판단을 하고, 과감히 결정을 내리는 결단력에 있다.

애플은 전 세계적으로 MP3 아이팟을 2억 대 이상 판매하고 아이폰을

5천만 대, 그리고 아이팟터치도 4천만 대 규모로 팔았다. 이제는 아이패드까지 출시된다. 애플은 오늘날 멀티미디어 기업이 되었다. 하드웨어와 소프트웨어를 한꺼번에 거느리는 멀티플레이어로의 변신에 성공했다.

애플이 원하든지 원하지 않든지 아이튠즈는 기존 오프라인의 음반 시장과 CD 문화를 없애는 데에 일조하였다. 거리에 나서 보면 레코드 가게는 사라지고 없다. 이러한 가속도는 아이패드를 통해서 더욱 가속될 수 있다. 아이폰이 음반 시장을 장악하면서 파이를 키워왔다면 아이패드의 경우 영상 시장을 장악할 확률이 높다. 기존 맥북보다 편리하게 아이패드를 활용하면서 가볍게 TV의 인기드라마나 뉴스를 시청할 수가 있는 것이다.

특히 아이패드는 기존 롯데홈쇼핑, GS홈쇼핑 등 강력한 사용자들이 자리 잡고 있는 TV 쇼핑몰 시장에서 가장 강력한 경쟁자가 될 수 있다. 기존 TV 쇼핑몰의 편리함은 채널을 돌리다가 마음에 드는 물건이 나오면 구매하는 형태를 띠고 있다. 하지만 아이패드는 TV 앞에 놓인 컴퓨터 기기라는 사실을 잊어서는 안 된다. 전원 버튼을 누르면 바로 켜지고 바로 검색된다. TV 홈쇼핑에서 제품이 나오면 이제 사람들은 바로 사지 않을 것이다. 아이패드에서 해당 상품의 검색량은 기하급수적으로 늘어날 것이 분명하다.

또한 애플은 아이패드에서 이러한 TV 홈쇼핑과 유사한 채널을 언제든지 가질 수도 있다. 광고를 먼저 보거나 일정한 시간 동안 시청하게 되면 포인트를 적립해 주는 형태의 매출 연동 광고를 진행할 수도 있다. 이 경우 시청자들은 이러한 광고를 보는 조건으로 드라마나 영화를 공짜로

01 애플 생태계의 출현

볼 수 있는 포인트를 얻을 수 있게 된다. 디지털 기술이 오프라인과 접목되는 경계선에 바로 애플의 제품들이 즐비해 있다. 당분간 그 누구도 이러한 아성을 깨뜨리기 쉽지는 않을 것이다.

애플의 전략은 철저한 실패에서 비롯되었다. 과거 마이크로소프트와의 전쟁에서 세계 시장을 잃었던 스티브 잡스의 경험이 오히려 다양하고 편리한 표준 자체에 대한 열망을 높였을지도 모른다. 애플이 만들면 사람들이 주목한다. 애플의 시대를 점치는 이유 중 하나는 최근 소셜 네트워크 사이트들의 약진에 있다. 아이폰이 조금만 타이밍이 빠르거나 늦었어도 지금처럼 폭발적인 인기를 구가하지는 못했을 것이다. 과거 검색이 세상을 이끌었다면 이제 검색보다 소셜 네트워크 사이트가 더한 중독성을 지니고 있고 사람들을 끌어당기는 흡인력을 갖고 있기 때문이다.

아이튠즈의 폭발적인 성장은 이미 검증된 시장에 뛰어든 탓도 있다. 기존 냅스터의 폭발적인 수요를 수년 간 지켜보다가 냅스터의 무료 정책 몰락을 보고 뛰어들었기 때문이다. 냅스터의 몰락과 동시에 아이튠즈는 유료 시장을 타깃으로 진입했고 성공을 거두게 된다. 아마존의 킨들이 시장을 선도하자 많은 수요가 있음을 본 스티브 잡스는 다시 아이패드로 보다 광의의 개념을 갖는 시장을 장악할 제품을 출시하는 것이다.

애플의 전략은 최초가 아니라 완벽한 타이밍을 찾는 데에 있다. 우리의 생활에서 작은 부분이지만 불편했던 부분들을 세밀하게 관찰한 후해당 시장의 시장성을 보고 뛰어들고 있다. 과거 하드웨어 기기나 소프트웨어 제품으로 승부하는 전투의 형태를 이제는 복합전으로 만들어 놓았다.

오늘날 경쟁 회사들은 왜 우리가 진작 이런 시장에 관심을 가지지 못했을까 탄식을 하지만 새로운 길을 개척하는 일이 쉽지만은 않다. 과거 아이튠즈도 음반 시장에 대한 관심이 없었디면 발견되지도 못했을 것이다. 주변을 돌아보면 이러한 시장은 무궁무진하다. 현대 시대에 국적을 따지는 것은 의미가 없다.

그런데 유일하게 취업 분야는 굳게 문이 닫혀 있다. 국가적으로, 지리적으로 접근하기 쉽지 않다고 판단하는 사람들이 많지만 의외로 전 세계적인 수요는 무궁무진한 것이 이 시장이다. 애플은 하드웨어와 소프트웨어만을 제공했지만 사실 플랫폼을 제공한 것이나 마찬가지다. 전 세계인들이 모이는 구인구직 장터도 아이폰에 애플리케이션을 개발해서 올리면 끝이다.

애플의 타이밍 전략은 주변기기로 넘어갈 수도 있다. 향후 대세는 3D 영상 콘텐츠다. 촬영 장비의 기술이 진보하면서 자연스럽게 디지털 기술이 기존 미디어 채널을 변모시키고 있는 것이다. 과거 2D가 자연스러운 촬영의 결과물이었다면 이제 3D가 자연스런 결과물이 될 수 있다. 심지어 기존 2D 영상물을 3D로 변화시켜 주는 솔루션도 출시되어 있다. 이러한 3D 시대에 보다 많은 사람들은 큰 화면을 선호하게 될 것이 분명하다. 아이패드의 차기 작품이 3D 선글라스가 될 수 있다.

3D 콘텐츠는 비단 영상물에만 국한된 것이 아니다. 이미 아이폰에서 일부 만화 작품들은 기존과는 차별화된 형태를 띠고 있다. 음향과 컬러

를 입히고 대사를 주인공이 말하게 해서 마치 한 편의 그림 소설을 보는 느낌을 주는 만화가 이미 나와 있다. 여기에 3D 기법을 적용하면 보다 재미있게 와 닿는 3D 만화로 재탄생될 수도 있을 것이다.

정확한 타이밍은 비즈니스 세계에서 매우 중요하다. 시장에 너무 일찍 출시되어서도 안 되고 너무 늦게 나와서도 안 된다. 애플의 타이밍 전략은 지금 시장을 이끌고 있다.

애플의 모바일 광고 비밀 전략

애플이 최근 모바일 광고 분야 2위 회사인 콰트로 와이어리스를 인수할 예정이라고 발표했다. 구글이 모바일 광고 최고 회사인 애드몹을 인수하기로 합의하자마자 나온 결정이다. 애플이 수년 간 공을 들여 합의를 보던 와중에 구글이 애드몹을 인수하기는 했지만 애플 역시 모바일 광고 분야에 관심을 가지고 있었다. 애플은 현재의 애플리케이션 판매처인 아이튠즈를 광고 거래 플랫폼으로 활용할 수 있다는 계산을 하고 있었다는 결론이 나온다.

애플은 아이폰 사용자와 아이팟터치를 사용하는 사용자 수만 해도 1억 명에 달한다. 여기에 아이패드까지 가세되고 시간이 흐르면 장기적으로 애플의 사용자 수는 2억에서 3억 명에 이를 수도 있다.

이러한 숫자를 잘 활용한다면 충분히 광고 매체로 승산이 있어 보인

01 애플 생태계의 출현

다. 애플은 직접 판매를 부추기는 것보다는 다양한 콘텐츠나 배너 또는 링크 주소를 연결시켜 주는 방식으로 광고 오픈마켓으로 시장을 개척해 나갈 확률이 매우 높다. 아이폰에서 동영상을 볼 때 하단의 빈자리를 기업들이 경매나 입찰 방식으로 사갈 수 있게 만들 수 있는 모든 준비를 마친 것이다.

이러한 것은 애플이 그저 로그 분석 툴만 제공해도 당장 훌륭한 비즈니스 솔루션이 될 수 있다는 것을 의미한다. 현재 애플은 스마트폰의 사용자 접점에 있어서는 타의 추종을 불허한다. 구글도 애플의 스마트폰 파워에는 밀리고 있다. 만약 애플이 마음만 먹으면 언제든지 앱 스토어에 콘텐츠를 올리는 개발자들에게 이러한 코드를 붙임으로써 추가적인 수익을 얻게 만들 수 있다.

또한 애플은 구글이 인터넷 광고로 천문학적인 숫자의 매출을 올리는 것을 잘 지켜봤다. 모바일 영역이 새롭게 세계를 강타하고 있는 이 시점에서 애플이 구글에 대해서 밀릴 이유가 없다고 판단하였을 것이다. 애플과 구글의 모바일 시장을 중심에 둔 경쟁은 결국 모바일 마케팅의 급속한 발전을 가지고 올 것으로 예상된다. 우선 모바일 광고의 성과 측정 솔루션이 만들어지고 이러한 솔루션 베이스의 성공 사례가 나오게 될 것이기 때문이다.

광고의 플랫폼은 점차 다양하고 복잡해지고 있다. 우리가 감당해야 할 최종 소비자들은 이제 하나의 매스미디어에 더 이상 매여 있지 않다. 다양한 각도에서 회사의 이미지를 검증하고 싶어 하며 그러한 양방향적인 커뮤니케이션은 이제 출발선상에 서 있다.

애플이 광고를 독점하겠다는 것은 2010년 3월 초 앱 스토어의 공지를 보면 잘 나와 있다. 위치 기반 광고 서비스 애플리케이션 등록을 승인하지 않겠다고 밝힌 것이다. 즉 아이폰의 GPS 기능을 활용한 지역 광고는 애플이 독점하겠다는 뜻을 분명히 했다. 더구나 아이패드의 등장은 애플의 광고 시장 장악 전략을 강하게 뒷받침하는 디지털 우군이다. 자사의 제품들이 하나의 목표를 위해서 뛰는 릴레이 주자 역할을 충분히 해낼 수 있을 것이다.

하지만 이러한 애플의 전략이 독점의 형태로 굳어져서는 안 된다. 만일 애플의 정책이 함께 협력해 온 개발자들의 이익까지도 뺏는 형국이 된다면 애플은 더 이상 성장 가능성이 큰 기업으로 분류되지 못할 것이다. 아무리 최고의 제품이라고 할지라도 독점 기업은 한계가 분명히 있다. 소비자들은 더 이상 애플 제품을 사지 않을 것이다.

애플의 행보가 혁신적이었던 가장 큰 이유는 바로 애플 스스로가 오픈마켓으로 포지셔닝을 했기 때문이다. 그런데 그러한 장점을 눈앞의 이익에 급급해서 저버리게 된다면 그 순간 사용자들은 과감히 아이폰을 구정물 속에 던져버릴 것이다.

하지만 아이폰에서 GPS 연동 모바일 광고를 애플이 금지하는 가장 큰 이유는 구글에 대한 경계 때문이다. 구글은 지금껏 아이폰에서 지도나 독스 등 다양한 형태의 애플리케이션을 제공해 왔기 때문이다. 애플의 고민이 읽히는 부분이다.

애플의 입장에서는 계속해서 모바일 광고를 열어두면 결국 구글의 애플리케이션으로 아이폰을 점령당할지도 모른다고 생각했을 것이다. 하

01 애플 생태계의 출현

지만 구글을 잡으려는 애플의 경쟁심이 자칫하면 스스로 독배를 마시는 격이 될 수도 있다. 애플은 이제 모바일 인터넷이 커지는 빅뱅이 막 일어난 시점임을 잊어서는 안 된다. 애플이 모바일 광고를 독식하려는 모양새를 보이게 되면 전 세계 개발자들은 서서히 애플에게 등을 돌리게 될 것이다.

애플은 착한 기업의 이미지가 매우 강하다. 항상 마이크로소프트에게 밀리면서도 새로운 전략과 제품으로 소비자들의 눈과 귀, 그리고 감성을 즐겁게 한 이미지가 매우 크다. 특정 기능을 배제하겠다는 발표는 전 세계 수많은 개발자들의 의욕을 꺾는 계기가 된다. 신뢰는 쌓기는 어렵지만 부수기는 한 순간이다. 애플은 발전을 선택해야 하는 것이지 탐욕을 선택해서는 안 된다.

만일 3월에 발표된 부분이 코드 삽입 등 다양한 형태의 협업 모델을 만들기 위함이라면 그 전략은 좋다. 하지만 단순히 모바일 광고 전체를 다 갖겠다는 생각이라면 전망은 그렇게 밝게 느껴지지는 않는다. GPS 기능을 활용한 광고만 막겠다고 정확히 밝히고 관련 대책도 함께 발표되어야 한다.

만일 그대로 머물러 있는 상태에서 구글이 모바일 광고에 대해서 매체 간 수익을 나누는 모델을 발표하게 되면 향후 모바일 마케팅 시장은 애플 우위의 시장에서 판도 자체가 바뀔 수 있다. 그리고 한번 순위가 바뀌게 되면 걷잡을 수 없는 고객의 이탈이 예상된다.

애플이 무조건 모든 아이폰에서의 광고를 막는 형태로 나아가지 않아도 애플의 수익 모델은 여러 군데에서 많이 나올 수가 있다. 광고 플랫폼으로 재정립하는 형태도 매우 훌륭한 전략 중 하나다. 서두에 말한 것처럼 앱 스토어 내에 애드 스토어를 만드는 형태다. 여기 매출의 30%만 잡아도 결코 적은 숫자의 금액은 아니다.

애플이 모바일 광고 시장을 독식하겠다는 생각은 여기서 그치는 것이 좋다. 만약 자사의 모바일 광고 시장 장악을 위해서 유사한 서비스 개발을 또 중단시키게 되면 애플의 앱 스토어는 오피니언 리더들이 앞장서서 불매 운동 등에 들어가는 초유의 사태에 맞닥뜨리게 될 것이다.

스티브 잡스가 오늘날 전 세계로부터 존경을 한 몸에 받는 이유는 개발자와 일반 소비자들이 직접적으로 만나서 수익을 나누는 모바일 생태계를 만들어 놓았기 때문이다. 그러한 생태계를 이제 와서 애플이 스스로 깨려고 하는 것은 자승자박이 아닐 수 없다. 수많은 애플리케이션들이 유료화를 통해서 성공을 거두고는 있지만 이러한 유료화 기간이 길지는 못하다. 초기에 베스트셀러로 자리 잡지 못한 대부분의 애플리케이션들은 광고를 기반으로 해서 무료로 올리고 있다는 사실을 애플은 기억해야 한다.

애플은 현재 아이폰을 기반으로 한 세계인들의 정보를 가지고 있다. 해당 고객의 GPS 기반 위치 정보도 가지고 있다. 여기에 사람들이 주로 사용하는 애플리케이션에 대한 정보도 있다. 애플리케이션이나 음악, 책에 대한 소비 성향을 가진 아이튠즈 정보도 있다. 이러한 정보 위에 개개인들이 관심을 가지는 검색 정보를 포함시킨다면 구글의 위상에 버금가는 모바일 인터넷의 강자로 거듭날 수 있다. 이러한 것을 기반으로, 더구나 막대한 자금력을 활용해서 언제든지 포털에 대한 열망을 키

울 수도 있다. 이렇게 될 경우 모바일 전쟁의 승자는 과연 누가 될 것인
지 귀추가 주목된다.

애플의 디지털 경영 전략

피터 드러커는 세계적인 경영 컨설턴트이다. 그의 어린 시절 필리글러 신부는 피터 드러커를 포함한 학생들에게 "너희는 어떤 사람으로 기억되고 싶으냐?"고 물었다. 잠시 침묵이 흐르고 신부는 "그래. 지금 당장 이 물음에 답을 할 것이라고 생각하지는 않는다. 하지만 나이 오십이 되어서도 이 물음에 대답하지 못한다면 그 인생은 헛되게 살았다고 할 수 있다."고 말했다. 소년 피터 드러커는 그때부터 매일 아침마다 거울을 보면서 자신에게 스스로 너는 어떤 사람으로 기억되고 싶은지를 매일같이 되뇌었다.

피터 드러커는 오스트리아 빈 출신이다. 빈에서 자라면서 자연스럽게 오페라를 접하는 문화 속에서 살았다. 어느 날 베르디의 오페라를 관람했는데 그때 연주된 작품은 베르디 생애 80살에 마지막으로 쓴 작품이었다. 누군가 베르디에게 물었다고 한다. "선생님은 이미 고령이시고 19세기 최고의 오페라 작곡가이신데 왜 굳이 또 어려운 오페라 곡을 작곡하셨습니까?" 이에 대한 베르디의 대답은 이러했다. "음악가로 살아오면서 평생 완벽을 위해서 몸부림쳐 왔는데, 완벽은 나의 목표였소. 하지만 완벽하게 하려고 해도 작품이 나올 때마다 아쉬움이 남았죠. 그래서 내게는 분명 한 번 더 도전할 의무가 있다고 생각했습니다." 이러한 이야기를 들은 피터 드러커는 크게 감동을 받았다. 그리고 그는 나이가 들어도 절대 포기하지 않고 계속 전진하면서 완벽을 추구하기로 결심했다.

여기 같은 방식의 성공 코드를 가진 회사가 또 있다. 1927년에 메리어트 1세는 길에서 맥주와 샌드위치를 파는 '핫숍'라는 이름의 작은 식당을 워싱턴에 열었다. 저렴한 가격은 물론 전 종업원들이 하얀색 와이셔츠에 나비넥타이를 매고 단정한 옷차림으로 근무를 하게 만들었다. 모든 메뉴는 매뉴얼화시켰고 깔끔한 복장까지 흠잡을 데가 없는 완벽에 대한 추구였다.

처음 오픈한 가게가 인기를 끌자 그는 자동차에서 서비스를 받을 수 있는 드라이브 인 서비스를 론칭한다. 즉 핫숍의 드라이브 인 버전이다. 그리고 자동차에서 편리하게 식사를 하도록 만든 경험을 바탕으로 비행기 기내에서도 식사를 하면 좋을 것이라고 생각해서 1937년 마이애미 인근 항공사 사장에게 기내식 사업을 제안하고 공급 계약을 맺게 된다. 기내식의 원활한 공급을 위해서 기내식 공장을 만들고 이스턴항공뿐 아니라 아메리카항공, 캐피탈항공 등 다양한 항공사에 기내식을 제공하게 된다. 당시 세계 최대의 기내식 공급사가 된 것이다.

이러한 확장은 결국 호텔 레저 산업으로 이어지게 된다. 핫숍은 이미 호텔 운영에 필요한 모든 것을 하고 있었다. 모든 시스템은 매뉴얼화되어 있었고 직원들의 복장은 정장 차림이었다. 이러한 운영 방식에 잠자리까지 추가 제공하면 바로 호텔 운영사로도 손색이 없는 것이었다. 한 동네의 작은 식당 핫숍과 메리어트 호텔과의 연관성은 그렇게 해서 태어난 것이다.

누구나 생각하기에 작은 식당과 호텔과는 연관성이 없다. 하지만 중간 과정을 보면 충분한 변신이 있다는 것이 보인다. 이러한 단계별 연관성을 가지면서 변화해 가는 기업은 성장한다고 세계적인 컨설팅 회사 베인앤컴퍼니에서 연구 결과를 발표한 바도 있다.

애플의 디지털 경영 전략도 이와 유사하게 발전하고 있다. 한마디로 변화를 기반으로 한 창조적 아이디어이지만 기존 사업 라인과 크게 다르지 않은 관점을 가지고 조금씩 진화하는 단계를 거쳤다. 스티브 잡스는 공개석상에서 이런 말을 한 적이 있다. "어떤 차든지 출발지에서 목적지까지 이동해 주는 역할을 충실히 수행하지만 사람들은 BMW를 타려고 하고 기꺼이 웃돈을 지불한다." 이 말 한마디에 애플의 전략이 숨어 있다. 애플의 전략은 한 가지 제품을 만들더라도 완벽을 기하려고 노력한다는 것이다. 그리고 그 제품에 최신의 디자인을 선보인다. 완벽한 제품의 성능과 디자인은 결국 디지털 기기의 명품 브랜드로 애플을 올려놓았다. 오늘날 가장 혁신적이고 가장 아름다운 디지털 컴퓨터를 꼽으라고 하면 애플을 꼽는 사람들이 많은 것은 그래서이다.

세계적으로 2억 5천만 대를 판매한 아이팟의 핵심 기능은 MP3이다.

이 기능을 살리기 위해서 애플은 여타 녹음 기능이나 라디오 기능도 빼 버렸다. 가격을 낮추고 기능을 단순화시켰다. 이러한 노력은 결국 무게 를 줄이고 디자인을 원하는 대로 만들 수 있게 했다. 때로는 기능을 빼 는 것이 더 효과적이라고 판단한 것이다.

그리고 다른 곳에 가치를 두고 접근했다. 하드웨어의 기능 추가가 아 닌 콘텐츠의 기능 추가로 승부한 것이다. 그리고 아이팟에서 음반 거래 가 가능하도록 컴퓨터와의 접속을 시도했다. 즉 아이팟을 단순한 MP3 기기로 보지 않고 맥북의 연장선상에서 생각을 한 것이다. 아이팟이 인 기를 끌자 이제 단순한 MP3 기기를 확장해서 게임도 가능한 아이폰과 아이팟터치를 2007년에 만들어 내게 된다. 아이팟에서 음반이 성공할 수 있다면 휴대용 컴퓨터와 간단한 애플리케이션들이 거래되는 새로운 형태의 아이팟터치도 성공할 수 있을 것이란 생각을 한 것이다.

이미 아이팟터치에는 아이폰의 모든 기능들이 다 들어 있었다. 아이 폰에서 사용하는 기능인 전화와 카메라 촬영 등만 제외시켰다고 보면 된다. 애플은 아이튠즈를 오픈하면서 이미 다른 시장에 나갈 준비를 하 고 있었다. 다만 바둑에서 맥점이 중요한 것처럼 아이튠즈를 통해 테스 트를 충분히 거쳐 시장에 진입했을 뿐이다. 경쟁사들은 이러한 애플의 전략을 전혀 눈치 채지 못했다.

애플의 모든 제품에는 성공하는 기업들이 가지고 있는 연관성이 있 다. 기존 제품의 핵심 속성을 살려서 어떻게 하면 더욱 기능을 변화시키 고 확장을 할 것인지에 포커스를 맞추었고, 그러한 전략은 세계 시장에 서 당당히 성공할 수 있는 밑거름이 되었던 것이다.

여기서 우리는 변화와 확장이란 키워드에 주목할 필요가 있다. 하드웨어적인 단순 거래를 벗어나 아이팟 초기 버전에서 아이튠즈와 접목시킨 그 부분이다. 이곳에서 스티브 잡스는 유통의 혁명을 다시 한 번 시도했다.

아이튠즈에서 거래되는 콘텐츠의 가격에 주목해 보자. 과거 오프라인 음반이나 소프트웨어 가격은 매우 비싼 편이었다. 웬만한 CD의 가격은 평균 만 원선에서 시작되고 게임 소프트웨어의 가격은 몇 만 원선에서 유통이 되었다. 하지만 애플은 매우 저렴하게 출발했다. 복제를 하기는 귀찮고 하나하나 구매할 때 부담 없는 금액, 1천 원선. 그러한 초저가 정책에 사람들은 마치 오프라인의 1천 원 샵에서 물건을 사듯이 마구 애플리케이션을 샀다. 복제비보다 저렴한 온라인 유통 구조를 만든 것이다. 듣고 싶은 음악만 선택해서 한 곡에 1천 원을 받는 전략은 그대로 시장에서 소비자들에게 어필되었고 결국 성공을 거둘 수 있었다. 오늘날 이러한 온라인 상품의 유통은 여러 기업들에게 시장의 가능성을 보여준 획기적인 사건이었다. 애플의 이러한 애플리케이션 유통은 이제 벤치마킹의 대상이다.

애플은 아이튠즈를 통해서 시장을 읽는 촉각을 키우게 되었다. 온라인 시장에 대한 전 세계적인 흐름을 읽을 수 있게 되고 진정 소비자들이 무엇을 원하는지 그들의 검색어와 구매 리스트를 분석하여 새로운 상품을 기획하고 만들어 냈다. 그것은 다름 아닌 애플의 내일이었고 그 내일의 가능성에 기꺼이 몸을 내맡긴 것이다.

소프트웨어를 소비자에게 많이 접하게 만드는 가격 정책은 매우 중요하다. 가격이 저렴하다고 해서 회사의 수익성이 나빠질 것이라는 생각은 근시안적이다. 이제 핵심 제품을 꺼내서 수직계열화를 시키고 각 제품에 완벽을 기할 수 있는 혁신 키워드를 찾아보기 바란다. 그건 바로 내일 우리의 캐시카우가 될 것이다.

02

스마트폰이 만드는
새로운 시장

스마트폰의 OS 전쟁

사람들은 사람들이 몰리는 곳에 모인다. 이건 우리가 너무나도 잘 아는 군중심리다. 사업을 하는 사람들도 사람이 몰리는 곳에서 영업을 하고 싶어 한다. 명동과 강남역을 보면 알 수 있다. 이곳에서 포장마차를 해도 다른 곳과는 하루 매출 자체의 격이 다르다. 명동은 현재의 애플이 가지고 있는 앱 스토어라고 보면 구글은 새롭게 안드로이드를 가지고 강남역으로 영업 무대를 넓힌 것이고 이제 삼성이 새롭게 신도시를 배경으로 뛰어든 격이 되었다.

삼성은 세계적인 모바일 하드웨어 제조업체다. 현재의 생태계에서 개발자들은 많은 사용자들이 모인 단말기의 소프트웨어를 개발하려고 할 것이다. 적절한 당근을 통해서 이러한 개발자들의 수요와 단말기의 보급이 균형점을 가지고 발전해 나간다면 미래가 어둡지만은 않다. 이제 그 장점을 십분 발휘하면 된다.

현재로 보아 삼성은 멀티 플랫폼 전략을 사용하고 있다. 구글의 안드로이드를 적극 활용한 스마트폰을 출시했고 마이크로소프트의 윈도우폰을 이용한 스마트폰도 가지고 있다. 그리고 이제 자체 바다 OS를 출시한 것이다. 스마트폰에서 이렇게 제조사별로 다양한 OS가 가능한 이유는 컴퓨터와는 달리 타 스마트폰과 OS를 공유할 일이 없기 때문이다. 한정된 제조회사에서 해당 OS에 적합한 하드웨어를 개발하면 된다. 컴퓨터처럼 다양한 제조사들이 표준을 맞추어서 시스템을 개발할 필요가 없기 때문이다.

아직 세계적으로 어떤 모바일 OS도 확고부동한 표준을 만들어 내지는 못했다. 그래서 이제 출발선에 선 삼성의 바다 OS에 큰 기대를 걸고 싶다. OS가 중요한 이유는 OS 자체가 권력이기 때문이다. 이미 우리는 마이크로소프트의 무소불위의 권력을 10년 간 지켜보았다. OS를 가지면 모바일의 브라우즈를 포함한 모든 애플리케이션의 진정한 주인이 된다. 광고도 가질 수 있고 소비자의 트렌드도 가질 수 있다.

브라우즈의 선택권 자체는 막강한 힘이다. 그 브라우즈에 기본 검색을 어떤 포털로 할 것인지에 따라서 한 포털의 흥망성쇠가 정해질 수도 있다. 기본 검색엔진으로 정해지면 그 수요는 상상을 초월한다. 수많은 사람들이 이제 무선 인터넷으로 들어오고 있는 중요한 시점이다. 무선 인터넷의 주된 사용 무대는 다름 아닌 스마트폰이다. 즉 모바일 OS 시장은 무선 인터넷 시장을 잡는 것과 동일한 맥락을 가진다. OS를 독점할 수 있다는 것은 마음먹기에 따라서 특정 시장을 독식할 수 있다는 것을 의미한다.

우리는 경험을 통해 하나의 운영체제나 한 회사의 독점적인 권한 행사가 얼마나 위험한 일인지 잘 지켜보았다. 닌텐도에서 슈퍼컴보이의 롬팩으로 독점을 했을 때 게임팩 하나의 가격은 10만 원이 넘었다. 타 회사에서는 그 게임을 생산할 수 없으니 게임을 하고 싶은 사람은 울며 겨자 먹기로 사든지 말든지 결정하라는 것이다. 어차피 소수의 마니아들은 구매를 할 것이라는 계산이다.

마이크로소프트의 윈도우 OS는 전 세계를 석권하고 있다. 이러한 파워는 곧 경쟁자들에게는 심각한 경영의 위협을 가할 수 있는 큰 무기가 된다. 과거 브라우즈 시장의 최강자는 넷스케이프였다. 넷스케이프는 전체 과반수가 넘는 87%의 점유율까지 올라가서 세계 시장에서 브라우즈의 표준으로 통하고 있었다. 당시 인터넷 익스플로러의 시장점유율은 4%에 불과했지만 마이크로소프트는 OS 시장에서의 독점적인 지위를 바탕으로 윈도우 OS를 깔면 자동으로 인터넷 익스플로러가 깔리게 만들고 완전 무상으로 배포하기 시작했다. 인터넷 익스플로러는 결국 초기화면으로 자사의 포털인 MSN을 연결시킨다. MSN은 각종 미디어와 이메일, 그리고 커뮤니티를 연결해서 사용자들을 자신이 의도한 네트워크로 몰아넣을 수 있었다. 이런 끼워 팔기 전략에 결국 넷스케이프는 문을 닫고 말았다.

OS를 점유한다는 것은 한순간에 경쟁사를 누르고 자신이 원하는 방향으로 트렌드를 이끌고 갈 수 있을 만큼 강력한 권력이 된다. 컴퓨터에서의 OS는 그나마 사용자들이 어떤 방식으로든지 해당 OS에서 자신이 원하는 브라우즈로 바꾸거나 별도 소프트웨어를 깔아서 사용하는 방식을 이용할 여지가 있었지만 스마트폰은 상황이 심각하다. 일반인들이 자신의 스마트폰에서 OS를 컨트롤해서 자신의 환경으로 바꿀 수 있는 여지는 컴퓨터에 비해서 작다. 제조사들이 스마트폰의 OS를 지배하고 싶어 하는 이유다. 더구나 스마트폰의 교체 주기는 컴퓨터보다 훨씬 더 짧을 것이기에 자사의 편리한 OS는 언제든지 기회로 작용할 수 있을 것이다.

스마트폰의 운영체제 시스템은 향후 황금알을 낳는 거위의 역할을 충분히 해낼 것이다. 과거는 미래를 보여주는 지표가 된다. 이미 우리는 수많은 독점의 과오를 잘 보고 있다. 사실 마이크로소프트가 의도했는지 여부와 관계없이 MS에서 특정 소프트웨어를 만들어 내면 그전까지 관련된 시장에서 나름의 입지를 갖추고 운영되던 멀쩡한 기업들이 하루아침에 거리로 나앉게 되었다.

MS가 윈도우 미디어 플레이어를 내놓기 전, 아니 더 엄밀히 표현하면 OS에 기본 장착 상품으로 나오기 전에 미디어 플레이어 시장에서는 2000년 초까지만 하더라도 리얼네트워크 사의 제품이 37% 이상의 점유율을 가지고 나름 선전하고 있었다. 하지만 윈도우와 결합된 미디어 상품이 출시되자 점유율은 5%대로 급락의 길을 걷게 되었다. 윈도우 OS를 앞세워서 MSN 메신저를 함께 설치하게 해 놓아서 한때 한국에서의 메신저 시장 점유율이 75%에 육박하기도 했다. 물론 오늘날 다시 전세는 역전되어서 현재 한국에서 메신저 분야의 1위는 네이트온이다. 하지만 네이트온과 MSN 사용자의 갭이 그렇게 크지는 않다.

인터넷에서 하나의 상품은 다른 하나와 연결이 된다. 메신저는 향후 SNS사이트들과 연동이 될 수 있다. 이것은 어떤 사이트의 흥망성쇠를 결정지을 수도 있는 중요한 문제다. 사용자들을 지속적으로 데리고 가는 것은 인터넷 기업들의 영원한 숙제이기 때문이다. 사람들이 몰리면 광고를 할 수 있게 되고 다양한 마케팅이 가능해진다. 회원들에게 메일을 보내면서 마케팅을 할 수도 있다.

Social Network Service : 온라인 인맥 구축 서비스이다. 1인 미디어, 1인 커뮤니티, 정보 공유 등을 포괄하는 개념이며, 참가자가 서로에게 친구를 소개하여 친구 관계를 넓힐 것을 목적으로 개설된 커뮤니티 형 웹사이트이다.

오늘날 오프라인을 통한 다이렉트 마케팅은 점차 어려운 환경을 맞이하게 되었다. 기존 전통적인 매스미디어에 집행되었던 광고비 비중은 점차 줄어들고 있다. 그러한 마케팅 비용을 사람들이 많이 모인 곳에 집행하려고 하는 기업들은 줄을 서고 대기해 있다. 기업을 알려야 기업이 살아남는다. 브랜딩 광고의 목적으로 대다수의 기업들은 인터넷으로 머리를 내밀고 있다. 이러한 수요를 몰고 오는 것은 결국 사람이다. 스마트폰에서의 OS는 더 많은 혜택을 가져다 줄 것이다.

스마트폰만큼 개인 한 사람 한사람에게 직접적으로 디테일하게 공략이 가능한 매체는 찾아보기 힘들다. 모든 사람들이 제각각 가지고 다니면서도 24시간 함께 있다. 남에게 자신의 스마트폰을 공유하는 사람은 거의 찾아보기 힘들다. 마케터의 입장에서 보면 참치 군단이다. 그만큼 값지고 마케팅적으로 활용 가치가 매우 높은 타깃 시장이다. 기존의 인터넷 광고가 온라인에 제한된 영역을 가지고 있었다면 스마트폰에서의 광고는 온라인과 오프라인을 통틀어서 매력을 가지고 있다. 기존 컴퓨터들이 지니지 못한 이동성과 GPS 기능 등은 개인의 동선이나 취향을 매우 정확하게 예측하도록 해줄 것이다.

사람들은 상황을 심각히 받아들이지 않을 수도 있지만 분명한 것은 수많은 사람들이 이미 스마트폰으로 검색을 하기 시작하고 무선 인터넷을 이용하기 시작했다는 것이다. 삼성이 서둘러서 자사의 스마트폰 OS를 만들어 낸 배경에도 이러한 이유들이 있을 것이다.

이미 구글은 자사의 안드로이드 OS를 가지고 마음껏 스마트폰의 OS로 활용되기를 바라고 있다. 구글은 자사의 OS를 사용할 때 구글의 문서편집기와 구글의 검색엔진을 기본으로 탑재되게 만들어 놓았다. 사람들이 뛰놀 수 있는 공간을 제공하고 그 안에서 구글은 자사의 제품 광고를 마음껏 할 수 있다.

구글은 광고를 목적으로 스마트폰 OS 시장에 뛰어들었다. 사실 구글의 OS 개발도 삼성의 OS 개발도 다 새로운 영역이다. 검색 기술과 OS 기술은 엄연히 차원이 다르다. 애플의 처음은 컴퓨터였고 다음은 MP3, 그 다음은 진보된 네트워크 PDA와 아이튠즈, 그리고 아이폰이다.

애플이 막상 아이폰을 출시하고 보니 가장 유리한 고지를 선점한 형국이 되었다. 하지만 스마트폰의 OS 전쟁은 이제부터다. 아직 그 누가 1위라고 감히 이야기할 시점은 아니다. 최소한 전체 구간의 절반은 뛰고 나서 순위를 언급하는 것이 정확한 미래를 예측하는 데 도움이 될 것이다.

이제 스마트폰 OS 전쟁이 시작되었다. 결국 많은 사람들이 사용하는 스마트폰이 표준이 된다는 사실을 잊어서는 안 된다. 전쟁에 뛰어들기 전에는 심사숙고해야 한다. 하지만 일단 전쟁에 뛰어들었다면 많은 사용자들을 확보해야 한다. 이러한 부분에 있어서 마케팅 비용을 아끼는 행위는 자살 행위다. 전쟁에서 총알을 아끼면서 이길 수는 없다. 장기적으로 보아서는 안 된다. 단기에 사용자를 확보하는 목표를 세우고 전사적인 역량을 다해서 마케팅에 총력을 기울어야 한다. 최선을 다했음에도 그러한 목표가 채워지지 않는다면 과감히 멈추는 용기도 필요하다.

전 세계 개발자들의 꿈의 무대

아이폰에서 마피아를 흉내 낸 전략 시뮬레이션 게임을 해 보았다. 동시에 접속한 사람들과 경기를 벌인다. 인터넷으로 접속한 사람들은 전 세계를 아우러져 가면서 게임을 한다. 접속 시간과 수행한 미션에 비례해서 주어지는 사이버 머니로 무기와 빌딩을 사고, 저축을 하고, 또 상대 진영의 파워를 미리 보고 정해진 숫자의 공격 횟수만으로 돈을 버는 게임이다. 한번 빠지면 최소 몇 주 간은 여기에 빠져서 살게 된다. 그만큼 중독성이 있으며 잘 만들어져 있다.

물론 이 게임은 앱 스토어에서 무료로 다운로드받은 것이다. 앱 스토어에 개발자들이 자신들의 소프트웨어를 올리면 수많은 애플의 아이폰과 아이패드 사용자들이 아이튠즈를 통해서 다운로드받아간다. 가격은 평균 0.99달러에서 비싸도 10달러 내외다. 부담 없는 금액에 애플리케이션들은 날개 돋친 듯이 세계의 사용자들에게 팔려 나간다. 애플은 전 세계의 개발자들을 자신의 개발자처럼 이용하게 되었다. 애플의 플랫폼에 맞춰서 나온 애플리케이션들은 아이폰의 진가를 더욱 높여주고 애플의 제품을 써 본 사람들에게 매혹적으로 다가오기 시작했다.

아이폰의 동기화를 시켜주는 프로그램 아이튠즈는 처음엔 전혀 다른 콘셉트였다. 아이폰의 전신은 다름 아닌 아이팟이다. 아이팟은 잘 알다시피 MP3 기기다. 아이팟으로 음악을 들어야 하는데 디지털 음악은 그 전까지 냅스터를 통해서 공짜로 다운로드받는 개념의 시장이었다. 여기에 스티브 잡스는 아이튠즈를 만들어서 두 가지의 기능을 겸비하도록 했다. 주요한 하나는 음악 프로그램이다. 아이튠즈는 원래 음악을 구동시켜 주는 프로그램이었던 것이다. 아이튠즈가 애플에서 출시되기 전에 리얼원과 같은 비슷한 음악 프로그램들은 유료로 팔리고 있었다.

두 번째 핵심 기능은 아이튠즈의 뮤직 스토어였다. 지금의 앱 스토어의 초기 모델로 이해하면 된다. 음반사로서는 인터넷은 골칫덩어리 시장이었다. 냅스터를 통하거나 유사한 공유 프로그램들을 통해서 음악은 불법적으로 다운로드되고 있었다. 음반사의 고민은 냅스터 이후 유사한 해적 프로그램으로 사용자들이 몰리고 음반이 무료로 거래되고 있다는 것에 있었다.

여기에 스티브 잡스가 등장했다. 주요 메이저 음반사들을 설득하고 수많은 독립 음반사들과도 계약 협상에 돌입했다. 그리고 음반사들의 방심도 스티브 잡스가 날아갈 수 있도록 도왔다. 애플의 점유율은 낮았기 때문에 절대 자신들에게 위협이 되는 채널로 발전할 것이라는 것은 상상도 하지 않았다.

맥 OS와 연동되는 애플의 아이팟용 디지털 뮤직 스토어는 첫 주부터 상상 이상의 성공을 거두게 되었다. 일주일 동안 1백만 곡이 다운로드된 것이다. 그것도 유료로 다 팔려 나갔다. 가격은 한 곡당 0.99달러였다. 앨범 하나를 사도 10달러를 절대 넘지 않는 가격으로 애플은 계약을 맺었다.

기존 불법 다운로드 시장 자체를 없앨 거란 기대감으로 거물 음악계 스타들이 애플의 아이튠즈 뮤직 스토어 오픈 세레모니에 참여했다. 언론은 자연스럽게 스타들이 참여한 이 오픈 세레모니를 전국에 방영하였다. 그리고 이듬해 아이튠즈의 뮤직 스토어는 기존에 음성적으로 거래되던 음반업계를 절체절명의 위기에서 구출해 내었다.

하지만 애플은 이러한 아이튠즈로 수익을 남기지는 못하는 것으로 알려져 있다. 한 곡을 팔면 99센트 중 65센트 정도는 음반사가 가져가고 나머지 34센트로 프로그램 개발 비용과 엄청난 서버 유지 비용, 그리고 지원 인력 비용에 쏟아 붓는다. 하지만 애플은 아이팟을 통해서 이익을 충분히 챙겼다. 아이팟을 맥북에 연결하기만 하면 컴퓨터에 다운로드한 음악들은 자동으로 업데이트되어서 아이팟으로 들어가는 아주 간단한 시스템을 구현했기 때문이다.

처음에 스티브 잡스는 맥 컴퓨터 사용자들을 위해서 아이튠즈를 만들었지만 초기의 폭발적인 성과에 고무되어서 윈도우용 컴퓨터에서도 아이튠즈가 이용될 수 있도록 시스템을 개편했다. 그러자 전 세계적으로 수많은 사용자들이 MP3의 대명사로 아이팟을 꼽으면서 구매자들이 몰리기 시작했다.

　스티브 잡스는 애플의 아이팟이란 MP3를 위해서 아이튠즈를 만들고 기존 냅스터가 가지고 있던 잠재력을 보았다. 냅스터는 이 프로그램을 개발한 숀 패닝의 별명이었다. 패닝은 1999년 1월에 이 프로그램을 만들었고 2년 만에 4천만 명의 이용자까지 늘어나는 등 폭발적인 인기를 누렸다. 하지만 냅스터의 인기가 오르면 오를수록 음반사들은 재고로 쌓여가는 음반에 울상을 지을 수밖에 없었다. 결국 미국의 18개 메이저 음반사들은 냅스터를 상대로 소송을 벌이게 되고 2001년 8월 미국음반협회에 의해서 냅스터는 문을 닫게 되었다.

　이즈음 스티브 잡스는 자신이 애써 키운 회사에서 쫓겨난 지 채 1년이 되지 않은 상태였다. 그런데 스티브 잡스는 픽사 사를 통해 영화 「토이스토리」를 만들면서 승승장구했다. 이에 고무된 경영진은 다시 스티브 잡스를 부르고 스티브 잡스는 1998년 파격적인 디자인의 아이맥을 출시해서 선풍적인 인기몰이를 한다.

　그런 스티브 잡스가 냅스터의 시장성을 보고 새로운 그림을 그리기 시작했다. 그리고 2001년에 애플은 신개념 MP3 플레이어인 아이팟을 출시한다. 처음 스티브 잡스의 계획은 냅스터에서 다운로드받은 MP3를 아이팟에서 듣게 하는 것이었다. 하지만 가장 강력한 음악 거래 사이트가 일순간에 문을 닫아버린 것이다.

　냅스터의 모델이 불법이라는 법원의 판결을 보면서 스티브 잡스는 온라인 유료 시장에 대한 도전의 의지를 다지게 되었다. 그리고 결국 아이팟과 연동해서 사용할 수 있는 아이튠즈를 발표했다. 바로 2003년 4

월이다.

2003년 4월에 애플은 뮤직 스토어라는 새로운 개념의 음반 판매 방식을 선보이고 두 달 동안 5백만 곡을 파는 기염을 토해 내었다. 냅스터 이후 사용자들은 제2의 냅스터를 기다리고 있었다. 사용자들의 온라인 음반에 대한 수요가 인터넷 여기저기에 쌓여 있는데 오직 스티브 잡스만이 그 시장을 바라본 것이다.

수요가 있는 곳에 출시된 애플의 아이튠즈에서 사람들은 너도나도 음악을 구입했고 이러한 인기는 결국 전 세계의 음반 시장 판도에도 영향을 미쳤다.

2003년 8월을 기점으로 애플의 온라인 음악 사이트가 유료화에 성공하는 것을 목격한 전 세계 대다수 온라인 음악 사이트들도 유료로 전환했다. 스티브 잡스의 이러한 시장 공략은 결국 시사주간지『타임』에 의해서 음악 패션 분야 최고의 발명품으로 아이튠즈가 선정되는 보답으로 돌아온다.

아이튠즈의 출발 시점도 매우 좋았다. 그러나 2003년 11월 록시오가 프레스플레이를 사들이고 냅스터의 이름을 인수하면서 유료의 합법적인 사이트로 다시 선보이게 된다. 하지만 타이밍은 이미 늦었다. 만일 록시오가 애플의 성공에 힘입어서 후발주자로 출발하지 않고 조금이라도 빠르게 온라인 음반 유료 모델로 접근을 했더라면 사람들은 오늘날 냅스터를 1위 음원 거래 사이트로 기억하게 되었을지도 모른다.

마케팅에서 1위로 출발을 한다는 것은 이렇게 중요하다. 특히 온라인에서 1위의 파워는 전체 시장의 과반수 이상을 가지고 간다. 이미 온라

02 스마트폰이 만드는 새로운 시장

인 음악 사이트에서는 애플의 아이튠즈가 50%가 넘는 점유율로 성공가도를 달릴 수 있게 되었다.

아이튠즈가 이렇게 성공할 수 있었던 요인은 사용자들이 다운로드한 음악이 외부로 유출되지 않도록 막아내는 기술력, 아이튠즈라는 소프트웨어와 아이팟이란 하드웨어를 양손의 무기로 갖고 전쟁터에 뛰어든 부분에 있다. 이러한 결합된 파워는 기존 하드웨어에서는 MP3 분야의 경쟁자를 무찔러 주었고 온라인에서는 기존 MP3 플레이어 업체들을 무찔렀다.

아이팟의 이런 통합의 힘에서 스티브 잡스는 새로운 가능성을 보게 되었고 오늘날 아이폰과 아이튠즈의 앱 스토어를 개설하는 밑바탕이 되었다. 음악 분야에서 충분한 가능성을 본 그는 이제 소프트웨어 분야로 눈을 돌리게 된다. 아이튠즈가 출시된 지 벌써 햇수로 7년차가 넘고 있다. 그만큼 노하우와 운영의 디테일한 통계까지 다 쥐고 움직이고 있는 것이다.

아이튠즈는 뮤직 스토어에서 성공한 후에 아이팟터치로 한걸음 더 진보해 나갔다. 이미 이때부터 스티브 잡스는 통신 업계를 넘보기 시작한 것이다. 아이팟터치는 와이파이가 지원되는 PDA라고 생각하면 된다. 아니 전화 기능이 배제된 아이폰이라고 보는 편이 더 정확할 수 있다.

아이팟터치의 개념은 기존 컴퓨터와 휴대전화의 중간적인 위치에 있어서 그 어떤 통신업체들도 별로 신경을 쓰지 않았다. 아이팟터치의 출발이 MP3 기기와 유사한 느낌으로 다가와서 더 무장해제가 되어 버린 건지도 모른다.

아이폰의 선풍적인 인기에 힘입어서 앱 스토어는 그 자체로 전 세계 개발자들이 1위로 등극하고 싶은 꿈의 무대가 되었다. 이러한 대박의 신화는 모든 개발자에게 문을 열고는 있지만 현실은 그렇게 녹녹하지는 않아 보인다. 검증된 소프트웨어만이 인정을 받고 개발자들은 초기 시장보다 견고하게 높은 수준의 소프트웨어를 요구하는 사용자들의 눈높이에 점차 맞춰 나가야 한다.

기존 1인 개발자들은 점차 팀 단위, 또는 회사 단위로 커져 가게 될 것이다. 사용자들의 다양한 니즈는 점차 높아지고 있다. 단순한 아이디어로 자리를 비집고 들어가는 것은 매우 위험한 행동이다. 디지털 시장에서 완성도는 생명이다. 하나의 에러는 제품자체를 망치고 다시는 그러한 제조사에서 나온 여타 상품들까지도 쳐다보지 않게 만든다.

이러한 트렌드는 결국 오픈 소프트웨어 거래 시장에서도 규모의 경제가 자리 잡게 할 것이다. 각 영역별로 최신의 트렌드를 반영한 소프트웨어와 하드웨어를 겸비한 회사들만이 살아남는 시장으로 가고 있다. 또 어떤 재미있는 디지털 기기들로 우리의 눈과 귀를 즐겁게 해 줄 것인지 애플의 행보에 대한 세계인의 관심은 점점 더 높아지고 있다.

스마트폰 시대의 모바일 비즈니스

디지털 시대로 접어들면서 우리가 원하든지 원하지 않든지 관계없이 주변의 수많은 업종들이 소리 소문 없이 사라지고 있다. 컴퓨터가 대중적으로 자리 잡기 이전 도시의 곳곳에는 전자오락 업소가 동네마다 수십 군데씩 있을 정도로 성황이었지만 오늘날 이러한 전자오락 업소는 대단위의 위락 시설을 제외하고는 찾아보기 힘들게 되었다. 가정에서 편리하게 VOD를 보게 된 이후로 동네 아파트 단지마다 최소 1개씩 있던 비디오 대여 가게들도 점차 사라지고 있다.

최근 디지털 시대 중에서도 모바일에 포커스를 맞춘 시대가 도래하고 있다. 모바일 시대에도 틀림없이 성공하는 비즈니스가 있는가 하면 사라지는 업종도 있다. 모바일은 소자본 창업자들에게는 기회의 땅이 될 공산이 매우 높다. 모바일 비즈니스는 젊은이들이 아이디어만으로 뛰어들어서 소프트웨어를 개발할 계기를 제공한다.

그런데 이 비즈니스도 기본적으로는 오프라인과 무관하지 않다. 모바일의 이동성에 포커스를 맞춰서 보면 이러한 소자본 창업이 개발자들만의 축제는 아니다. 오프라인에서 장사를 하더라도 모바일을 충분히 활용해서 성공의 토대를 닦을 수 있다. 즉 모바일의 커뮤니티나 지역별 맛집 추천 코너에 들어가든지 해당 지역의 명소로 모바일 인터넷에서 소문만 나면 성공은 따 놓은 당상이다.

인터넷에서 소문이 나면 지속적으로 사람들이 찾는 이점이 있다. 마치 오프라인에서 지하철역 인근 코너 가게와 같은 효과다.

모바일 비즈니스 시대가 오면서 위치 기반의 지역 광고 사업은 성공 확률이 매우 높다. 모바일의 이동성에 근거한 사람들이 주변을 다니면서 맛집을 검색하거나 보다 저렴한 제품을 비교하는 수요가 많기 때문에 지역 단위의 위치 기반 광고는 매우 인기를 끌 것이다.

애플이 독식을 노리는 이유다. 하지만 이러한 애플의 애플리케이션 정책을 약간 우회해서 공략할 수도 있을 것으로 생각된다. 지하철이나 버스 등의 대중교통을 이용하는 사람들이 많이 이용하게 될 e-Book 분야도 유망하다. 각종 e-Book과 온라인 잡지, 그리고 전자 신문들도 많은 사람들이 찾는 서비스가 될 것이다. 향후 신문사와 잡지사는 온라인에서는 호황을 맞이하게 되고 오프라인에서는 불황을 경험하게 될 공산이 크다. 애플의 아이패드가 출시되면서 아마존의 킨들, 그리고 한국의 아이리버나 삼성전자의 전자책 단말기를 통해서 e-Book에 대한 수요는 매년 증가세를 맞이할 것이다. 전자 잡지와 전자 만화 등 다양한 콘텐츠들도 e-Book의 형태로 발간되게 될 것이 분명하다.

한 가지 우울한 전망은, 디지털 기기 속으로 들어가는 e-Book이 많은 사람들을 독서의 길로 집중하게 만들어 줄지 의문이 든다는 것이다. 마치 컴퓨터에서 강의를 들으라고 했지만 컴퓨터 게임들이 강의를 듣는 사람에게 유혹의 손길을 뻗치는 것과 마찬가지로 바탕화면의 수많은 애플리케이션들은 독서광의 시선을 충분히 다른 곳으로 돌리게 만들 수 있다는 것이다.

모바일 인터넷이 활성화되면 될수록 관련 인터넷 쇼핑몰들은 모바일 웹에 관심을 많이 기울여야 할 것이다. 선두주자들이 모바일 웹 서핑의 사용자들을 성공적으로 공략해 나갈 때 이를 함께 따라가야 한다. 이때 모바일 쇼핑몰은 기존 인터넷 쇼핑몰과는 차별화해서 나가야 한다. 모바일 폰은 당분간 절대적인 화면의 크기가 더 이상 커지기 힘들다는 점도 감안해야 한다. 웹 표준화로 사이트를 꾸준히 업데이트해 나가고 유저 인터페이스를 재구축하는 작업이 선행되어야 한다.

향후 5년이 지나면 상황은 바뀌게 될 수도 있다. 별도 블루투스 지원이 되는 선글라스를 쓰고 쇼핑을 하는 사람들이 생기게 되면 크기에 대한 이야기는 다 지난 이야기가 될 수도 있다. 하지만 그때가 되기 전까지는 휴대용 모바일 폰 크기가 하나의 틀이 될 것이다. 어차피 비즈니스는 매년 수행되어야 한다. 내년에 제대로 매출을 올리지 못한다면 5년 후의 변화가 무슨 의미가 있겠는가.

모바일 인터넷 시장을 염두에 두고 있는 쇼핑몰들에게 검색은 필수다. 작은 화면에서 한 번에 상품을 찾는 데 검색보다 좋은 것이 무엇이 있는가. 쇼핑몰 내 상품을 검색해서 보여 줄 수 있어야 한다. 즉 자사 사이트 내에서 모바일에서 검색하기 쉬운 형태를 갖춰야 하는 것이다.

그리고 모바일 창의 크기에 맞게 리스팅과 이미지 구성을 해야 한다. 한 개의 디테일한 이미지가 1/20 크기가 아닌 최대 1/8 크기를 넘지 않도록 구성하는 것이 좋다. 큰 이미지일지라도 모바일에서 적정하게 줄여서 보여 주어야 할 것은 물론이다.

모바일 컴퓨팅에서 보안은 더욱 필수적인 사업의 아이템이다. 과거 컴퓨터가 다소 공용적인 성격이 강했다면 모바일은 1인 기기다. 모바일에서는 자신의 개인 정보는 물론이고 결제 정보, 그리고 지인들의 연락처는 물론 주고받는 문자 등 개인 사생활에 직결된 내용들이 많이 담겨 있다. 모바일에서도 당연히 보안은 매우 중요한 비즈니스의 한 축을 담당하게 될 것이다.

아이패드와 같은 태블릿 PC는 아이들에게 가정에서 사이버 교육을 시키기에 매우 적합한 제품이다. 마우스가 없고 키보드가 소프트웨어 구동 방식이라 오랜 시간 게임용으로 이용하기엔 손가락이 아플 테니까 말이다. 하지만 사이버 강좌를 들으면서 강사의 질문에 손으로 터치하면서 강의를 듣기엔 매우 적합한 제품이다.

앞으로 기존의 인쇄 출판 업종은 약간의 타격이 생길 수밖에 없는 것이 현실이다. 하지만 출판 업종은 콘텐츠 출판이라는 새로운 영역으로 테이크오버될 가능성이 매우 높다. 즉 전통적인 방식의 출판 시장은 위축되겠지만 상대적으로 e-Book으로 인해서 보다 많은 수익을 가지고 가는 업체와 그렇지 못한 업체로 양분될 가능성이 높다. 출판 시장이 디지털화될수록 콘텐츠의 원생산자인 저작자의 위치는 지금보다 우대받을 가능성도 높다.

그렇다고 해서 출판 시장이 퇴색 일로로 가지만은 않을 것이다. 기존 출판된 원고의 디지털화를 통해서 거의 판로가 끊겼던 서적의 디지털 서적화가 봇물을 이루듯이 터져 나올 수도 있기 때문이다. 하지만 우수한 콘텐츠를 기반으로 한 e-Book 사업은 각광을 받을 것이고 그렇지 못한 중소 출판 업체는 힘든 상황을 맞게 될 것이다.

모바일 시대에 접어들면서 출판 시장은 종이를 근간으로 한 전통적인 방식에서 벗어나서 보다 다양한 형태로 발전되고 있다. 일본의 경우이미 4~5년 전에 이러한 형태로 발전하기 시작했으며 모바일 시장을아예 타깃으로 해서 성공한 책들이 거꾸로 오프라인으로 인쇄 출판되어나오는 역전 현상이 일어나고 있다.

아이패드는 여타 업종에 영향력을 행사하고 있다. 먼저 아이패드나 아이폰과 같은 기기들 때문에 기존 내비게이션 시장이 타격을 받을 것이란 보고서가 증권가에 돌고 있다. 하지만 사실 내비게이션 시장은 대부분 자동차에 장착되어서 움직인다는 것을 생각해 보면 라디오와 TV의 영역 구분처럼 내비게이션은 영역이 별도로 구분되어 있는 안전한 시장 중 하나로 보인다. 오히려 내비게이션이 내비게이션 겸용 PC로 진화해 나갈 가능성이 더 높다.

하지만 전자사전이나 전화번호부 등은 타격을 입을 업종 중 하나다. 아이폰에서 사용되는 웬만한 사전 기능이 기존 전자사전과 차별화되지 않고 있다는 점을 감안하면 기존 전자사전 생산 업체는 e러닝을 연계한 단말기로 한 차원 더 업그레이드하는 길을 통해서 미래를 열어나가야 할 것이다. 전자사전에 학습 곡선을 연계해서 하드웨어 구성을 바꾸고 보다 언어별로 전문화되고 차별화된 요소를 강조해서 나간다면 아예 경쟁을 비켜 나가는 방법이 없는 것도 아니다. 하지만 지금 이대로의 전자사전이라면 아이폰에서 구동되는 하나의 애플리케이션과 다를 바가 별로 없어 보인다.

e러닝 전문 디지털 기기들도 무한 경쟁에서 살아남으려면 특화된 차별화 요소를 반드시 챙겨야 한다. 사용자들이 편리하게 디자인을 바꾸고 콘텐츠를 하드웨어와 딱 맞게 제작해서 소비자의 움직이는 욕구를 적시에 잡아낼 수 있어야 살아남을 수 있다.

인터넷을 이용할 수 있는 매체로 컴퓨터와 넷북에 더해 각종 스마트폰들이 나오기 시작했다. 여기에 아이패드나 지패드와 같은 태블릿 PC도 속속 기존 콘셉트를 뒤집고 나오고 있다. 이제 콘텐츠가 그 어느 때보다 중요해지고 있다. 콘텐츠가 없는 디지털 기기는 그저 깡통일 뿐이다.

콘텐츠는 다양한 이종 기기들에게 다양한 방식으로 원소스 멀티 기기의 경제성을 나타내는 지표가 될 것이다. 콘텐츠는 게임에서부터 각종 음악, 영화, e-Book 등 다양한 형태로 제공되고 이러한 콘텐츠를 이용한 사업은 점차 활기를 띠게 될 것이다.

이미 기존의 만화들이 새로운 형태로 모바일에서 제공이 되고 있다. 기존 만화책이 이미지와 텍스트만의 정적인 구조였다면 디지털 기기에서 새롭게 나타난 만화는 컬러와 음향이 가미되어 보다 동적인 형태로 변모하고 있다. 그렇다고 만화가 애니메이션처럼 살아 움직인다는 얘기는 아니다. 만화의 기본 형식은 그대로 지니고 있지만 기존 종이책에서는 볼 수 없었던 내레이션이나 음성이 나오고, 만화의 형식을 유지하면서 음향의 효과를 넣은 멀티 만화로 발전해 나가는 것이다.

또한 알파벳을 한 자 한 자 음성으로 인식시키는 사전도 출시될 수 있어 보인다. 현존하는 기술로도 상용화는 가능하지만 이러한 음성 인식 기술과 영어사전이 결합된 형태의 신개념 사전은 편리함을 넘어서 공부하는 재미를 더 가미시켜 줄 수도 있다.

가격 경쟁은 물론 품질 경쟁의 시대도 더욱 격화될 것이다. 서비스가 불량한 음식점이나 가게는 첨단 기기로 무장한 소비자들의 집단적이고 즉시적인 피드백을 감당해 내지 못하게 될 것이기 때문이다.

스마트폰의 보급이 점차 확산되면서 모바일 웹에서 전자상거래 규모가 커져 나가고 있다. 이러한 모바일 웹은 결국 기존 인터넷의 확산으로 이어지고 인터넷 시장 규모는 매년 큰 폭의 증가세를 나타낼 것이다. 오프라인에서 미용실을 하고 있는 업체들도 이제는 인터넷으로 홍보를 해야 효과가 있다고 한다. 고객들은 자신이 오프라인에서 방문한 상점이나 가게에서 받은 좋은 느낌을 온라인에서 다시 느껴보고 싶어 한다. 이러한 고객의 니즈를 잘 파악하는 업체들은 성공가도를 달릴 수밖에 없다.

특히 온라인은 모바일로 확장되면서 더욱 많은 고객들을 자사의 이벤트나 홍보의 영역 내에 넣을 수 있는 수단을 갖게 해 주었다. 모바일로 고객에게 작은 선물을 주는 업체가 적지 않다. 그 선물이라야 스타벅스에서 카페라떼 한 잔과 바꿀 수 있거나 던킨도너츠에서 도너츠 두어 개와 바꿀 수 있는 정도의 매우 작은 이벤트 쿠폰임에도 불구하고 고객이 받았을 때 받는 만족감은 매우 높다. 특히 특별한 홈페이지가 없어도 블로그나 모바일 웹에서 홍보 수단으로 사용하기에는 매우 편리하다.

모바일은 자투리 시간조차 이제 우리를 사이버 세상으로 인도하고 있다. 결국 아이폰이나 아이패드, 지패드와 같은 디지털 기기들은 더 많은 인터넷 콘텐츠를 만들어 내고 사람들 간의 네트워크가 넓어지게 만드는 역할을 하게 될 것이 분명하다.

스마트폰은 웹 접근성이 필수다

스마트폰 열풍은 전 세계적이다. 하지만 지금 마케터들에게는 또 하나의 숙제가 생겼다. 스마트폰의 수요는 늘고 있고 시장도 커지고 있는데 관련된 마케팅은 제자리에 머물러 있기 때문이다. 현재 스마트폰을 활용한 마케팅이라야 그저 SMS 문자로 이벤트를 보내는 것 정도가 전부이다.

스마트폰에서 많은 사람들이 서핑을 즐기기 시작했다. 하지만 스마트폰마다 다양한 브라우즈를 사용한다. 웹 사이트를 다양한 스마트폰에서 접근하기란 쉽지 않다. 한국의 대다수 사이트들은 플래시를 지원해서 화려하게 만들어져 있다. 당장 아이폰에서 접속을 해 보면 초기화면부터 보이지 않는 곳이 너무나도 많다. 아이폰에서는 플래시를 지원하지 않기 때문이다. 향후 플래시의 제작사인 어도비가 적극적으로 나서

서 이러한 문제를 풀어나갈 수도 있지만 당장 이러한 일이 일어나기는 어려워 보인다.

플래시가 보이지 않으니 한국의 웹 사이트에서 물건을 고르기란 매우 어렵다. 대다수의 상품 소개 페이지에는 어김없이 플래시가 들어 있기 때문이다. 힘들게 결제까지 넘어가게 되더라도 모바일에서 공인인증서를 요구한다거나 결제 단계에서 보안 프로그램을 다운로드받으라는 메시지가 나오면 절망의 단계에 이르게 된다.

해외에서는 자신의 컴퓨터에서 보던 화면을 모바일에서도 별 차이 없이 볼 수 있다. 모바일 인터넷으로 사람들은 자유롭게 물건을 사고판다. 특히 이베이의 경우 간단한 페이팔 결제로 한 번 등록한 신용카드를 이용해 365일 언제 어느 곳에서든지 별도의 지갑이나 카드 없이도 구매가 가능하다.

또한 세계적으로 선풍적인 인기를 끌고 있는 페이스북이나 트위터 등도 매우 간단하고 편리하게 구성이 되어 있다. 웹 접근성이 용이한 것이다. 그저 W3C의 표준 기술을 준수해서 웹 사이트를 제작했을 뿐이다.

그러다 보니 기존의 그 어떤 브라우

PayPal : 인터넷을 이용한 결제 서비스로, 만 18세 이상 이용할 수 있으며, 페이팔 계좌끼리 또는 신용카드로 송금, 입금, 청구할 수 있다. 1998년 12월에 설립하였고, 이베이가 모회사이다. 거래를 하면서 신용카드 번호나 계좌 번호를 알리지 않아도 되기 때문에 보안에 안전하다. 주로 미국에 보급되어 있다.

World Wide Web Consortium : 월드 와이드 웹을 위한 표준을 개발하고 장려하는 조직으로 팀 버너스 리를 중심으로 1994년 10월에 설립되었다. 회원 기구, 정직원, 공공기관이 협력하여 웹 표준을 개발하는 국제 컨소시엄으로 보면 된다. 설립 취지는 웹의 지속적인 성장을 도모하는 프로토콜과 가이드라인을 개발하여 월드 와이드 웹의 모든 잠재력을 이끌어 내는 것이다.

즈 특성에도 잘 맞춰져 있다. 특히 페이스북이나 트위터, 마이스페이스 등은 모두 이러한 규정에 맞추어서 만들어졌다. 이러한 규정을 지킨 이유는 다양한 OS를 가진 모바일에서의 접근성을 높이기 위함이다. 웹 사이트를 웹 표준에 맞춰서 제작했고 그러한 보안 가이드를 잘 준수하고 있다.

하지만 한국은 상황이 다르다. 온라인으로 은행 거래를 하려고 하면 반드시 인터넷 익스플로러가 있어야 한다. 아니면 은행 업무를 보기란 거의 불가능한 실정이다. 한국의 대다수 인터넷뱅킹은 마이크로소프트 사에서 나온 인터넷 익스플로러 브라우즈에 심하게 편중이 되어 있다. 엑티브X를 깔지 않은 컴퓨터에서는 인터넷뱅킹을 사용할 수 없다. 즉 마이크로소프 사가 아닌 다른 회사의 브라우즈에서는 결제가 안 된다.

그러나 아이폰은 간단히 애플 OS를 탑재한 컴퓨터다. 당연히 브라우즈도 애플 사에서 개발한 사파리를 사용한다. 기본 검색엔진을 사용자가 바꿀 수도 있지만 모바일의 경우 웬만한 파워 사용자가 아니고서는 그냥 주어진 브라우즈를 사용하게 된다. 브라우즈에서 기본 검색엔진을 잡아줄 경우, 사용자들은 그것이 구글이라면 구글을 쓰고 네이버라면 네이버를 쓰게 된다. 큰 이변이 없는 한 스마트폰을 조작해 가면서 사파리에 탑재된 기본 검색엔진을 다른 것으로 바꾸기는 쉽지 않다. 웬만한 사용자는 그냥 네이버나 다음의 애플리케이션을 다운로드받아서 사용하는 쪽으로 방향을 선회한다. 따라서 아이폰 하단에 떡하니 자리 잡은 기본 검색엔진은 유의미한 숫자의 트래픽을 포털에 밀어줄 수 있다.

이제 한국이 삼성을 통해서 스마트폰의 소프트웨어 시장에도 뛰어 들었다. 조만간 삼성은 큰일을 해낼 수도 있다. 바다 OS에서 과연 원활한 결제가 가능해질 것인지가 관건이다. 성공 여부를 따지기에 앞서, 한국에서 값진 OS 시장에 뛰어들었다는 자체로 큰 점수를 주고 싶다. 이것은 마치 동계올림픽에서 스피드스케이팅 남녀 동반 우승을 일구어 낸 역사적인 사건과도 같다.

하지만 이러한 시스템은 한국이 스스로 만들어낸 제약 때문에 걸림돌이 될 수도 있다. OS는 다양한 환경에서 테스트가 가능해져야 제 역할을 해 낼 수 있다. 바다 OS에서는 다양한 브라우즈를 지원하게 될 것이다. 하지만 특정 제조사에 관련된 브라우즈만 원활하다는 것을 개발자들이 인식하게 되면 한국인만의 OS로 전락해 버릴 위험이 크다. 다양한 브라우즈를 사용하지 않으면 웹 표준화에 적절히 대응하지 못하기 때문이다.

일본의 경우 간단한 오프라인으로 인쇄해서 배포한 보안카드로 인터넷뱅킹의 사용을 다 할 수 있도록 하였다. 한국이 기존 브라우즈를 사용하지도 말고 엑티브X를 없애자는 것이 아니다. 이제 특정 브라우즈가 아닌 그 어떤 형태의 브라우즈에서도 웹을 온전히 열고 인터넷뱅킹이나 전자상거래가 원활하게 이용될 수 있도록 웹 접근성이 좋은 시스템을 빠른 시간 내 구축해야 한다는 것이다.

외국에서 W3C 표준 규약으로 만든 웹 사이트로 인해서 모바일과 PC에서의 접근성을 동일하게 해 나간 것처럼 우리도 그렇게 해야 한다. 그렇지 못하면 한국인들에게 웹은 이중의 부담을 안겨주게 될 것이 분명하다. 모바일 전용 웹과 컴퓨터 전용 사이트를 별도로 만들어야 한다. 만일 기존의 웹 사이트가 도저히 손을 댈 수 없을 정도라면 모바일 웹을 별도로 만드는 방식도 필요하지만 기왕이면 웹 표준화를 지키면서 만들어 양쪽의 시장을 한 번에 다 같이 가져가는 것이 현명한 선택이 될 것이다. 모바일 웹으로 분리가 되는 것은 결국 향후 3년에서 4년 정도의 중간 단계에서 이루어질 일이다.

디지털 디바이스가 다양해지면서 중간 단계로 두개의 인터넷이 분리되고 있다. 하나는 기존의 컴퓨터로 접근할 수 있는 인터넷이고 또 하나는 모바일로 접근하는 인터넷, 즉 모바일 웹이다. 이러한 분리는 향후 5년 정도 후 더욱 활성화될 것으로 예상된다. 모바일에서 완전한 풀 브라우징을 지원할 수 있는 디지털 기기들이 개발이 되고 나면 인터넷은 그 어떤 환경 하에서도 하나의 인터넷 환경을 보여 주게 될 것이다. 그 전 단계로 다가오는 5년의 시간은 모바일 웹과 인터넷을 분리해서 접근하는 전략이 필요

Full Browsing : 휴대전화 무선 인터넷에서도 일반 인터넷 사이트와 동일한 형태로 문서와 동영상을 볼 수 있는 서비스를 말한다. PC의 익스플로러 등 인터넷 브라우저를 통해 웹 사이트를 보는 것처럼 휴대전화용 모바일 브라우저를 사용한다.

해 보인다. 하지만 더 장기적으로 접근한다면 웹 표준화를 기치로 양쪽의 디바이스에서 그 어떤 플랫폼에서도 동일한 사이트를 보여 줄 수 있어야 한다. 그것은 중복 투자를 없애는 것이고 회사의 자원을 쓸데없는 곳에 낭비하지 않게 만드는 일이다.

일반인들이라면 상관없겠지만, 인터넷으로 비즈니스를 영위하는 회사의 입장이라면 현재 스마트폰을 중심으로 불기 시작한 모바일 웹으로의 접근성에 관심을 가져야 한다. 여기에 기회가 있기 때문이다. 스마트

폰이 풀브라우징을 지원한다고 하지만 제조사마다 다양한 멀티 OS를 기기별로 지원해 나가는 트렌드는 당분간 이어질 것이다. 그렇다면 모바일에서 다양한 브라우즈로 웹 사이트에 접근하는 수요를 절대 놓쳐서는 안 된다. 전 세계에는 17억 대의 컴퓨터가 있지만 그보다 3배나 많은 모바일 폰이 있다는 사실을 잊어서는 안 된다. 표준은 수많은 사람들이 사용하고 편리하게 이용되게 하는 바로 그것이다.

현재 미국인들의 20%는 매일같이 모바일을 통해서 웹에 접속하고 있다. 상당히 많은 디지털 분야의 전문가나 미래학자들은 모바일 컴퓨팅 기기가 4~5년 내 PC 컴퓨팅 시장 규모를 넘어설 것이라고 장담을 하고 있다. 현재 모바일을 통해서 일어나는 비즈니스 규모는 점점 더 커지고 있으며 전 세계적으로 1조 9천억 달러의 거래 규모를 넘어서기 시작했다. 조만간 5조 달러를 돌파하고 10조 달러, 100조 달러의 전자상거래 규모로 커질 수도 있을 것이다. 모바일을 통한 웹의 거래 규모는 상상을 초월하게 발전되어 나갈 것이다.

한국에서도 수백만 명이 모바일 웹 이용 대열에 합류할 것으로 예상된다. 이러한 모바일 웹은 하나의 트렌드를 만들어 내고 있다. 모바일 웹은 사용자들의 행동 패턴이나 검색 패턴을 지역 정보와 연계해서 사용할 수 있기 때문에 매우 편리하다. 모바일 웹에서도 엄연히 검색이 중요하다. 특히 바쁜 현대인들에게 모바일 웹으로 승부를 하는 쇼핑몰은 적잖은 수익을 안겨다 줄 것이 확실하다. 창업을 준비하는 사람들이라면 경쟁이 치열한 기존의 인터넷 시장이 아니라 모바일 웹을 통해서 접근할 경우 무한한 기회의 땅을 가지는 셈이 될 것이다. 처음부터 모바일 웹을 타깃으로 승부를 거는 쇼핑몰들도 생겨나게 될 것이다.

모바일 웹에서 승리하려면 절대 무거운 솔루션으로 접근해서는 안 된다. 약간은 절제되고 통일감이 있으면서도 편리한 유저 인터페이스를 갖추어야 한다. 즉 디자인이 훌륭하기보다는 솔루션의 안정감과 통일성이 더 중요하다. 사용자 인터페이스 자체의 편리함은 모바일 웹에서 성공의 가장 큰 기준점으로 작용할 것이다.

새롭게 출시된 마이크로소프트의 윈도우폰은 이러한 직관적인 유저 인터페이스를 따라서 했다. 그러한 인터페이스의 편리함에는 사용자 인증의 기능도 포함되어야 한다. 만약 특정 쇼핑몰이 매번 접속할 때마다 처음부터 아이디와 패스워드를 요구한다면 매우 불편하게 될 것이다. 모바일에서 입력을 하는 번거로움은 기존 인터넷보다 10배는 더 불편하다는 사실을 잊어서는 안 된다.

테크새비(TechSavvy)를 잡아라

테크새비의 시대가 오고 있다. 테크새비란 Technological과 Savvy의 합성어이다. 소프트웨어나 하드웨어 등 디지털 시대의 신기술을 능수능란하게 사용하는 데 있어 센스가 있고 두려움이 없는 사람을 일컫는다. 미국에서는 이러한 테크새비 소비자들을 잡으려는 브랜드 마케팅 집행 사례가 빈번하다. 일본의 도시바도 이러한 모바일 마케팅을 통해서 약 4만 명의 테크새비들이 도시바의 모바일 마이크로 사이트를 방문하도록 하는 성과를 거두었다.

스웨덴의 증권회사 AMF의 경우 최근 자사의 연금 상품을 팔기 위한 캠페인을 모바일로 집행했다. 자신의 핸드폰으로 현재의 모습이 찍힌 이미지를 보내면 70살 후 자신의 나이든 모습을 보여 주는 캠페인이었다. 결과적으로 약 32만 건의 사진이 응모되었고 목표치의 550%를 달성하는 성과를 냈다. 캠페인 중 사이트 방문자는 평소의 2배가 넘었으며 광고 인지도는 무려 33%나 증가했다. 물론 캠페인 기간 동안 AMF에 대한 선호도도 4배가 증가했다. 이 광고는 또한 칸광고제 미디어 부문에서 그랑프리를 수상했다. 모바일 광고가 향후 어떻게 발전해 나갈 것인지 방향성을 제시해 주는 중요한 캠페인이다.

칼링맥주의 경우 아이폰에서 매우 재미있는 애플리케이션으로 인기몰이를 하고 있다. 애플리케이션을 다운로드받으면 사용자는 왼쪽의 맥주를 테이블 반대편에 앉은 사람에게 무사히 전달해야 한다. 물론 테이블 위에는 실제 술집에서처럼 각종 안주 등 장애물이 있다. 아이폰의 수평을 유지하면서 아슬아슬하게 전달하지 않으면 맥주 컵은 깨진다. 장애물을 피해서 전달하고 나면 상으로 맥주 컵이 나타나고 컵을 클릭하면 맥주가 가득 채워진다. 아이폰을 맥주를 마시듯이 서서히 눕히면 맥주를 마시듯이 잔이 비워진다. 마치 맥주를 실제 마시는 듯한 착각을 불러일으킨다. 이 애플리케이션은 약 100만 명 이상이 다운로드받아서 칼링맥주의 전 세계적인 인지도 상승효과를 주었다.

우리를 둘러싼 디지털 기기들이 혁명적으로 발전을 거듭하고 있다. 매일같이 새로운 상품들을 쏟아내면서 우리의 눈과 귀는 즐겁다 못해 어지러울 지경이다. 과거에 TV와 신문 같은 매스미디어에 한정된 광고는 인터넷을 넘어서 모바일까지 진출하고 있다. 아이폰이 이러한 모바일 마케팅에도 변화를 주고 있다. 과거의 모바일 마케팅은 주로 SMS나 MMS와 같은 문자 광고를 기반으로 해서 소비자들과 인터랙티브한 커뮤니케이션을 해왔다. 그것이 모바일 1.0 광고라면 이제 스마트폰을 통해서 보다 역동적인 인터랙티브 커뮤니케이션의 형태를 가진 모바일 2.0 광고 시대를 맞이하고 있다. 광고와 게임의 합작은 칼링맥주의 사례에서 보듯이 무한한 마케팅의 기회가 될 것이다.

그렇다고 모든 업체들이 게임을 만들어 내고 광고를 연동하지는 않을 것이다. 아니 정확히 표현하면 그렇게 할 필요도 없다. 다만 트렌드를 따라갈 필요는 있다. 테크새비의 특징은 새로운 기기와 기술을 사용하는 데 매우 능동적이란 점이다. 이들은 신기술 그 자체를 즐긴다. 새로운 아이폰의 게임이 나오면 그러한 게임을 즐기고 기꺼이 타인들에게 전파한다.

실제로 뉴테크놀로지의 전파에 있어서 이들의 역할은 매우 중요하다. 앞에서도 언급했지만 과거 오피리언 리더의 역할을 정치인들이나 사회 지도층의 정해진 타이틀을 지닌 사람들이 해 왔다면 오늘날 이러한 역할은 파워 블로거들이 맡고 있다. 이들의 블로그에 매일같이 수만 명의 사람들이 드나드는 이유는 각 분야별로 이들이 테크새비의 역할을 수행하고 있기 때문이다.

대부분의 사람들은 많은 비용과 시간을 들여서 이들처럼 지식을 획득할 자신이 없다. 그렇다고 자신이 새롭게 내비게이션이나 PMP, 넷북 같은 디지털 기기 등을 구매하려고 할 때 시행착오를 겪는 것도 두려워한다. 소비자들은 테크새비들을 통해서 간접적인 경험을 하게 된다. 이들이 올린 제품 사용 후기는 그래서 인기이다. 테크새비는 자신이 좋아하는 분야를 선택해서 꾸준한 경험을 웹에 올리고 많은 사람들은 이러한 테크새비를 추종한다. 심지어 그 사람의 트위터를 팔로우하고 그 사람의 팬이 된다. 테크새비라고 해서 반드시 디지털 기기 분야의 사람만을 의미하지는 않는다. 작가 이외수도 테크새비이며 김영세 대표도, 이찬진 대표도 테크새비이다. 자신만의 분야에서 신기술을 활용하는 사람들은 모두 테크새비라고 볼 수 있다.

인터넷에서 일반 배너의 클릭률은 평균 0.5% 내외다. 1천만 명에 노출을 해도 5만 클릭이 일어나기 힘들다. 1%만 돌파해도 제대로 된 마케팅을 수행한 것으로 본다. 하지만 테크새비를 통해 마케팅이 연계되면 상상 이상의 효과를 누린다. 모바일과 배너, 그리고 소셜 네트워크 사이트들이 하나로 된 통합 마케팅이 향후 대세가 될 것이다. 이미 하드웨어 기기들과 소프트웨어는 하나의 시장으로 단일화되고 있다. 이러한 단일화는 보다 상위의 개념으로 통합될 전망이다. 이것은 아이폰에서 아이튠즈를 통한 단일화와 같은 맥락을 지닌다. 이미 해외의 경우 트위터와 페이스북을 자사의 웹 사이트와 통합해서 제공하는 곳들이 증가하고 있다.

하지만 각 기업들마다 통합마케팅을 들고 나오면 그것은 사용자들에게 스트레스가 될 수도 있다. 따라서 개인화된 소셜 네트워크 사이트가 그 대안이 될 수 있다. 처음 트위터가 의도한 바는 아니었지만 오피니언 리더들의 대화는 진지한 글보다 더 매력 있게 실시간으로 지식을 전파해 준다. 향후 국회의원 선거나 대통령 선거에서 테크새비들의 역할은 매우 큰 파장을 몰고 올 수도 있다. 특정인에 대한 영향력이 오갈 수 있는 토론의 장으로 발전할 가능성이 있기 때문이다.

리서치 전문 회사 포레스트가 1,200개 업체들을 대상으로 설문조사를 한 결과, 응답자의 95%가 소셜 네트워크 사이트를 자사 매출 증대에 활용하고 있다고 한다. 한국의 경우 소셜 네트워크 사이트로 홍보를 하는 것은 어려움이 많아 보인다. 우선은 사람들이 그러한 노골적인 홍보를 꺼리기 때문이다. 따라서 주로 협찬이나 사용 후기 등으로 접근하는 수준이다.

바이럴 마케팅은 해외와 국내가 많은 차이가 있다. 한국은 이제야 바이럴 마케팅의 수단으로 블로그를 사용하기 시작했다. 소셜 네트워크 사이트를 한국에서 마케팅의 툴로 사용하게 되기까지는 약간의 시간이 걸릴 것이다. 그것은 한국인의 정서를 넘어서야 하는 문제일 수도 있다.

광고 시장에서 격돌하는 애플과 구글

구글과 애플은 모바일 분야에 처음 도전한다. 사실 구글과 애플의 사이는 매우 가까웠다. 애플의 아이폰에서 기본 브라우즈는 사파리를 사용하지만 검색은 구글을 기본으로 탑재해 두었다. 하지만 애플의 아이폰 출시 후 구글이 안드로이드를 출시하자 애플의 분위기는 급반전하기 시작했다. 게다가 구글은 애플이 공을 들이던 모바일 광고 분야 1위 회사인 애드몹을 인수했다. 그러자 얼마 지나지 않아서 애플도 모바일 광고 분야 2위 회사를 인수했다.

애드몹은 2006년 와튼 스쿨에 재학 중이던 오마르 하무이가 만든 모바일 광고 벤처기업이었다. 온라인 광고 시장에 대한 조사 등을 통해서 광고주에게 모바일 광고 시장 정보를 제공해 왔다. 애드몹은 전 세계 9천 개가 넘는 모바일 웹 사이트와 3천 개가 넘는 애플리케이션에서 광고를 배포하고 있다. 미국의 경우 매달 4천 6백만 명의 사람들이 모바일 웹을 이용해서 활동 중이며 애드몹은 약 49%의 사람들에게 매체도달률을 보이고 있다. 구글은 애드워드나 애드센스를 통한 광고에서 전체 수익의 대부분이 발생되고 있다.

구글이 모바일에 진출하는 것은 자신의 영역 확장 때문이다. 인터넷 마케팅 회사로서 기존 컴퓨터 환경이 점차 모바일로 바뀌게 되는 것에 대한 당연한 귀결이다. 구글에서는 무선 모바일 인터넷으로 사용자들의 인터넷 사용 환경이 바뀌는 것에 신경을 많이 쓰고 있다. 기존의 인터넷을 장악했기 때문에 안심을 하고 있는 상황에서 모바일의 출현과 확대 보급이 매우 빠른 속도를 보이자 조바심이 난 것이다.

구글의 영역 확대는 그래도 다소 이해가 된다. 구글은 어차피 광고 영역으로 먹고 살던 회사였다. 하지만 애플의 경우는 약간 사정이 다르다. 초기에 컴퓨터를 만들어 왔고 최근까지 MP3 등을 만들던 하드웨어 제조 회사다. 전통적인 컴퓨터 회사가 어느 날 아이튠즈를 만들더니 이제 모바일 폰을 만들고 그것도 모자라서 모바일 광고 회사를 인수했다. 구글이 장악한 인터넷 광고는 분야가 다르다고 판단했지만 모바일 환경에서는 전혀 밀릴 것이 없다는 계산을 했을 것이다.

구글의 안드로이드폰을 제외하고 아이폰에 필적할 만한 회사는 없었다. 기존 모바일 OS의 최강자는 마이크로소프트였다. 하지만 애플의 하드웨어를 베이스로 한 OS 및 애플리케이션 시장은 애플 것이었고, 마이크로소프트는 애플의 아이팟터치부터 이어진 베스트셀러 하드웨어 전략에 넋을 놓고 보고 있을 수밖에 없었다. 모바일 OS 시장에서 마이크로소프트는 3위권 이하로 전락하고 말았다. 이런 상황에서 시장의 과반수를 가지고 가기 위한 전략적인 경쟁이 치열해진 것이다.

아이폰은 컨셉을 전혀 예상할 수 없었다. 스티브 잡스는 한 조각 한 조각, 조각들을 세상에 내놓고 있었다. 그는 전체에 대해서는 설명하지 않았다. 그런데 막대한 자본력과 인력을 바탕으로 한 구글이 어느 날 갑자기 애플의 영역에 뛰어든 것이다. 그러자 애플의 심기가 불편해졌다. 스티브 잡스는 공개적인 자리에서 구글을 비난하고 나섰다.

애플의 가장 강력한 경쟁자는 구글이 될 것이 확실하다. 아니 어쩌면 구글이 전 부문에서 애플을 따라잡을 수도 있다. 과거 애플이 컴퓨터 OS 시장에서 마이크로소프트에게 받은 깊은 상처가 있기 때문에 더 절박할 수도 있다. 애플은 그 조각의 하나로 애드몹을 인수하고자 했다.

애플의 의도는 무엇일까. 왜 애플은 모바일 광고 업체를 인수하는 것일까. 그것은 애플의 모든 플랫폼이 통일될 수 있으며, 그러한 플랫폼에서 광고를 수주할 수도 있고, 고객들이 직접 광고를 올릴 수 있는 애드 스토어 시장을 만들 수도 있기 때문이다. 애드 스토어는 고객들이 자신의 가게를 홍보하는 글이나 간단한 이미지 또는 동영상을 자신에게 주어진 영역 내에서 지역을 선택해 광고를 할 수 있게 하는 것이다.

구글이 가진 광고 시장의 파이를 애플은 잘 지켜보고 있었다. 광고 시장은 매력 있는 시장이다. 인터넷에서라면 싸움이 힘들겠지만 아이폰이 세계적인 명성을 떨치고 있는 지금이 타이밍인 것이다. 또한 향후 모바일 광고를 하려는 기업들에게 자사의 정확한 상황을 알리는 데도 도움이 된다. 구글의 광고가 어떻게 진행되는지 애플은 관심 있게 지켜보아

왔고 향후 그러한 시장에 진출한 의사가 있음을 확실히 한 것이다.

애플은 현재 아이폰을 팔아서 나오는 이익도 있고, 아이튠즈를 통한 뮤직 스토어와 앱 스토어 등에서도 수익이 발생되고 있다. 하지만 미래에 대해서는 위기의식을 가지고 있다는 방증이기도 하다. 여기에 애플은 모바일 광고 분야를 석권할 수 있는 좋은 기회를 가지고 있다. 아이폰, 아이팟, 아이패드, 그리고 앞으로 선보이게 될 아이TV의 플랫폼이 하나로 통일될 것이다. 그러면 애플은 아이폰을 통해서 모바일 인터넷 영역을 커버하고, 아이팟을 통해서 음악 시장을 가지고, 아이패드를 통해서 신문이나 잡지 등 도서 부문을 커버할 수 있다. 여기에다 아이TV는 VOD 시장을 커버할 수 있다. 애플은 어쩌면 하드웨어를 통해 매스미디어의 전 영역을 커버할 수 있다는 생각에 다다르게 된다.

전 세계 스마트폰을 필두로 한 모바일 인터넷은 이제 태동기이다. 여기에 애플이 광고 영역에 진출한다는 사실은 매우 의미심장하다.

그러나 애플은 구글의 공짜 마케팅 전략에 신경이 쓰이게 될 것이다. 구글은 언제든지 자사의 광고를 수주하고 유료 애플리케이션을 무료로 배포할 수도 있기 때문이다. 무료 안드로이드폰을 뿌릴지도 모른다. 이러한 움직임에 애플은 신경을 쓰고 있으며 자사의 수백억에 달하는 다운로드를 보이는 음악과 애플리케이션들에 효과적인 광고를 보여 주려고 계산하고 있다.

사실 모바일 광고를 필두로 한 수익모델은 이미 검증되었다. 구글에서 이러한 모델을 성공적으로 론칭시키는 것을 간접 경험해 본 애플의 입장에서 모바일 광고만큼 확실하게 다가오는 수익모델은 찾아보기 힘들었을 것이다. 하드웨어 풀은 훌륭히 준비되어 있으니 그저 시작하면 되는 것이다.

구글의 파워는 애플도 잘 알고 있다. 하지만 이제 서로의 영역 침범은 마치 강물을 따라 떠내려가는 돛단배처럼 막을 수가 없다.

마이크로소프트의 위기

2015년 임용희 과장은 출근 중에 직장상사인 박정서 부장의 전화를 받았다. 어제 지시해 놓은 리포트가 아직 메일로 오지 않았다는 것이다. 지하철로 출근하면서 휴대전화를 꺼내든다. 사람들의 눈이 있지만 엄지손가락으로 검색하기 귀찮아서 전화기에 대고 "메일" 하고 말한다. 메일 창이 열리자 임 과장은 자신의 지문을 눌러서 로그인을 한다. 그리고 자신의 메일에 있던 리포트를 박 부장의 메일로 전송했다.

휴대전화를 켠 김에 임 과장은 부동산 분양에 대해 알아보기로 한다. "부동산 분양" 하고 말하자 휴대전화에서는 임 과장에게 서울 지역에 있는 부동산 정보를 리스팅해서 보여준다. 임 과장은 그 중 하나를 눌러 오픈된 자료를 읽어본다. 자료를 읽자마자 "다음 장" 하고 말하니 휴대전화는 친절하게 다음 장으로 넘겨서 보여준다. 휴대전화로 자료를 다 보고 나서 임 과장은 다시 "티셔츠 검색"이라고 말하고 자신이 여름 시즌에 입으려고 했던 티셔츠를 고른다. 자신의 휴대전화에 이미 신체 사이즈를 정확히 기재해 두었기 때문에 자신에게 맞는 사이즈가 없는 상품은 보여주지 않는다. 보다가 맘에 드는 상품이 생겨서 임 과장은 북마크를 해 두었다. 간단히 버튼을 누르거나 말을 하면 된다. 그리고 북마크된 정보는 자동으로 임 과장의 컴퓨터에서 확인이 가능하다.

점심식사 시간이 되자 옆 자리에 있던 진은영 부장은 휴대전화를 들고 "맛집"이라고 말한다. 진 부장의 회사가 있는 구로디지털단지가 아닌 강남 역삼동 근처의 맛집 리스트가 나온다. 진 부장은 오전에 출근한 후 역삼동에서 제휴 관계에 있는 회사와 막 미팅을 마치고 나온 터인데 휴대전화는 진 부장의 위치를 파악하고 가장 가깝고도 소비자들의 평점이 많은 순서로 정보를 보여준다. 점심을 먹고 나서 결제는 휴대전화로 하고 회사로 복귀한다.

회사로 들어오는 중간에 자신의 휴대전화에서 전자 결재가 하나 올라온 것을 본다. 정용준 과장이 기획서를 올린 것이다. 진 부장은 휴대전화로 문서를 꼼꼼히 읽고는 기획안이 획기적이고 괜찮다는 생각에 확인 버튼을 누른다. 그러자 그 결재는 다시 진 부장의 직속상관인 만 이사에게 전달된다. 자신의 자리로 들어온 진 부장은 컴퓨터 작업 중에 모르는 단어가 있어서 마우스를 대자 단어의 뜻은 물론이고 발음까지 한 번에 들려준다.

이처럼 컴퓨터는 자신이 잊고 있던 친구들과의 약속을 한 번 더 알려준다. 친구들과의 약속 장소를 정하려고 식당의 이름을 검색하자 이미 검색엔진에서 진 부장이 검색한 경험이 있는 사이트를 우선적으로 보여 주기도 한다. 그리고 해당 식당까지의 연락처와 가는 길을 상세히 보여 준다. 아울러서 진 부장이 2차 술자리로 갈 만한 추천 리스트까지 아래에 검색이 된다. 차를 가지고 가는 경우가 많다는 사실을 알고는 대리운전 광고가 쿠폰과 함께 검색에 리스팅이 된다. 진 부장이 묻기도 전에 알려주는 것이다.

10년 후 우리는 보다 진보한 IT 환경에 처하게 될 것이다. 현재 전 세계의 OS를 좌지우지하는 마이크로소프트는 10년이란 시간 안에 변화하지 않으면 심각한 경영 위기를 맞게 될 것이다. 윈도우7의 출시로 한껏 그 영향력을 과시하고 있지만 소비자의 트렌드는 급속도로 변하고 있다. 지금의 트렌드를 읽지 못하면 한낱 멀티터치 기능만을 내세운 OS로 전락해 버릴 수 있다.

오늘날 우리는 인터넷과 함께 진화하는 시대에 살고 있다. 만일 당신은 인터넷이 안 되는 컴퓨터와 인터넷이 되는 휴대전화 둘 중 하나를 선택하라면 어떤 것을 선택하겠는가. 답은 명확하다. 컴퓨터 자체만으로는 할 수 없는 일들이 너무나도 많다. 우리가 현재 컴퓨터를 사용하는 이유의 90%는 인터넷과 연결이 되어 있기 때문이다. 이러한 측면에서 보면 웹이 OS가 될 개연성이 매우 높다.

구글에서는 이러한 **클라우드 컴퓨팅** 환경에 가장 적극적이다. 만일 우리가 굳이 파워포인트를 사용하거나 워드프로세서

Cloud Computing : 인터넷 기반의 컴퓨팅 기술을 의미한다. 사용자들은 지원하는 기술 인프라스트럭처에 대한 전문 지식이 없어도 또는 제어할 줄 몰라도 인터넷으로부터 서비스를 이용할 수 있다. 일반적인 클라우드 컴퓨팅에서 소프트웨어와 데이터는 서버에 저장된다.

를 사용할 이유가 없어진다면 윈도우7을 사용할 가치 자체가 없어지는 것이다. 비싼 비용을 들여서 장난감으로 전락해 버린 OS를 누가 사용할 것인가. 더구나 모바일 컴퓨팅이 중요해지는 시대에서 무거운 OS는 그만큼 배터리 소모도 크고 웹 접근성을 저해하는 요소로 발전할 수 있다. 모바일에서 굳이 많은 양의 작업은 필요가 없다. 하드디스크 용량이 크게 차지하는 것도 문제다. 인터넷에 접속해서 관련된 정보를 찾고 인터넷에서 제공하는 소프트웨어를 사용하면 된다. MS는 현재 엔터테인먼트적인 요소에서는 아이폰에 밀리고 오피스 부문에서는 구글에 쫓기고 있다.

한국 전체가 집단 최면에서 깨어나는 순간 마이크로소프트는 철수해야 할지도 모른다. 아이폰은 절대 하드웨어가 아니다. 아이폰은 세계 최강의 풀(POOL)을 가진 소프트웨어이다. 마이크로소프트는 두 개의 세계적인 소프트웨어 회사들과 경쟁을 하고 있다는 현실을 직시해야 한다.

마이크로소프트가 이 위기에 대처해 나가려면 변화해야 한다. 지금의 소프트웨어 방식으로는 절대 살아남을 수 없다. 위기임을 깨닫고 보다 적극적인 대처를 해나가야 한다. 인터넷 환경과 사용자에 친화한 소프트웨어로 진화해 나가야 한다. 가격은 지금의 1/10로 내려야 한다. 더욱 가볍게 회사를 운영하지 않으면 소비자들은 등을 돌리게 될 것이다.

모든 전산 자원을 인터넷에 올려놓고 공유해서 사용하는 클라우드 컴퓨팅 시대가 오고 있다. 웹에 접속만 해도 이미 게임도 할 수 있고 글도 쓰고 편집도 하고 인쇄도 할 수 있다. 아직 되지 않는 몇몇 소프트웨어, 특히 포토샵 등이 사용자 변화 트렌드를 읽고 클라우드 컴퓨팅 환경에 쫓아와 준다면 마이크로소프트는 매우 심각한 어려움에 직면하게 될 것이다.

이러한 클라우드 컴퓨팅이 가능해지는 이유는 지금보다 100배는 빨라질 인터넷 인프라에 있다. 원격지에 있는 메인 호스트에 접속해서 소프트웨어를 다운로드받고 구현하는 시간이 내 컴퓨터에 있는 프로그램을 직접 사용하는 것만큼 빨라지는 시대가 도래하는 것이다.

마이크로소프트에게 아직은 기회가 있다. 10년이란 시간은 결코 짧은 시간이 아니다. 소비자와 IT 기술의 변화에 가장 민감하게 반응하면 된다. 검색 트렌드에는 검색 수요자들의 니즈가 숨어 있다. 마이크로소프트는 그러한 변화의 움직임을 읽어야 한다.

2010 오피스 발표에서 마이크로소프트는 웹 오피스를 무료로 제공하겠다고 했다. 마이크로소프트에서도 이러한 위기감을 느끼고 있는 것이다. 하지만 개인들만 무료이고 기업들에게는 유상으로 판매한다고 한다. 개인들에게나마 무상이라는 것은 고무적이다. 표준으로서의 점유율 확대 전략을 계속해서 가지고 가겠다고 세상에 천명한 것이나 다름없다.

웹 오피스는 응용프로그램을 컴퓨터에 설치하지 않고 웹 브라우즈에서 실행하는 서비스를 말한다. OS는 인터넷 익스플로러와 사파리, 파이어폭스 등에서 사용이 가능하다는 뜻이다. 하지만 어차피 이미 개인들의 구매액은 별로 되지 않는다. 개인들이 집에서 쓰는 컴퓨터에서 유료로 사용하는 비율은 어차피 저조하다. 무료로 지원하려면 완전히 오픈해야 한다. 웹 오피스의 경우 기업들이 구매력을 느낄 만큼 비용을 낮추어야 한다. 어느 순간 하나의 공통적인 분모가 생기는 빅뱅의 순간 마이크로소프트는 한낱 지나간 역사를 한탄만 하고 있을 수도 있다.

마이크로소프트가 모바일 OS 전쟁에서 실패한 가장 큰 원인은 변화하는 시대적 흐름을 읽지 못한 데에 있다. 모바일 기기들의 특성은 데스크탑 컴퓨터나 노트북과 별반 다르지 않다. 하지만 소비자들이 OS 자체를 변경하여 사용할 필요성을 느끼지 못한다. 사용자들은 편리하게 자신의 파일을 업로드하고 동영상을 간단히 시청할 수 있으면 그만이다.

또한 마이크로소프트는 모바일 기기의 OS 선택 권한이 하드웨어 제조업체들에게 완벽히 쥐어져 있음을 늦게 알아차렸다. 보다 가볍고 전략적인 차원에서 하드웨어 벤더들에게 접근했어야 하는 시점을 놓친 것이다.

모바일 시장은 해가 갈수록 커져갈 것이 분명하다. 마이크로소프트의 이러한 패착은 향후 비즈니스의 전망을 어둡게 만들고 있다. 하지만 기회가 완전히 사라진 것은 아니다. 모바일을 컴퓨터로 보고 접근하면 가능하다. 이러한 접근은 새로운 기회를 부여해 줄 것이다. 전통적인 컴퓨터 하드웨어 벤더들은 굳이 모바일로 승부할 필요가 없다는 사실을 알아야 한다. 왜 자신의 가장 큰 장점인 골리앗을 버리려 하는가.

모바일 시장에 새롭게 뛰어드는 전략보다는 모바일화된 컴퓨터를 만드는 것이 더 빠르게 시장을 이길 수 있는 전략이 될 수 있다. 패러다임의 변화를 이끌지 못했다면 굳이 그 패러다임에 뛰어들 필요가 없는 것이다. 모바일에서 가장 이용 빈도가 높은 것은 결국 웹이다. 웹에 가장 친화된 모바일 환경을 만들면 답은 간단하다.

문제는 하드웨어 벤더들과의 협업이다. 하드웨어 벤더들이 현재 시장을 다 가지고 갈 공산이 커져서 마이크로소프트의 고민은 깊어진다. 하지만 미래를 위한 전략을 짜기 위해서는 모바일에서 자사의 OS를 무상으로 공급해 버리는 결단도 필요하다. 1달러의 사용료라도 받겠다면 전부를 잃어버릴 수 있다. 휴대전화 제조사의 입장에서는 수백만 대의 모바일 기기만 생산해도 수백만 달러를 내야 하기 때문에 그 OS를 기피할 수밖에 없기 때문이다. 차라리 미래를 위해서 오늘의 이익을 포기하는 전략을 구사하기를 추천하는 바이다. 플랫폼을 깔아놓으면 결국 그 자체로 수익의 기반이 되기 때문이다.

　전 세계 OS 시장을 호령하던 마이크로소프트의 새로운 미래에 대해서 귀추가 주목되는 순간이다. 인류 발전에 토대가 되는 세계 속의 기업으로 도약하는 마이크로소프트의 선전을 기대해 본다.

스마트폰이 여는 새로운 패러다임

당신이 마케터라면 이제 스마트폰은 당신의 경쟁자다. 아이폰을 시작으로 안드로이드폰, 삼성폰, LG폰 등이 경쟁에 가세하고 있다. 지금까지와는 다른 패러다임이 열리고 있다. 인터넷이 사람들의 호주머니 속으로 들어왔다. 스마트폰은 인터넷 게임, 음악, 동영상, 이북 등을 통합해서 가지고 있다. 관련 회사들이 바짝 긴장해야 하는 이유다. 상생해서 갈 것인지 꺾을 것인지 선택을 하고 집중해야 한다. 스마트폰은 총알을 장전해 놓은 총과 같아서 당신의 손에 있을 때는 당신이 마음대로 움직일 수 있지만 경쟁자의 손에 들어가면 당신에게 총구를 겨눌 수 있다.

스마트폰에 대응하는 스마트북이 2010년 CES에 출시되기도 했지만 이동성과 휴대성 부

Consumer Electronics Show : 미국 라스베이거스에서 해마다 열리는 세계 최대의 전자제품 전시회.

분에서 스마트폰을 쫓아가기는 힘들다. 스마트폰은 바로 당신의 호주머니 속에 항상 존재하기 때문이다.

스마트폰의 파괴력은 불친절한 식당을 그냥 내버려 두지 않을 것이다. 1명의 불만이 수만 명에게 전파될 수 있는 위력을 가지고 있다. 과거에는 핸드폰으로 동영상을 찍어도 * * 누르고 번호 누르고 올려야 하는 어려움이 있었지만 이제는 사진이나 동영상을 찍는 순간 웹으로 그냥 보낼 수 있다.

지금 현재 우리가 사용하는 대부분의 컴퓨팅은 인터넷 접속을 위한 것이다. 스마트폰은 그 어느 때보다 강력한 컴퓨팅을 제공하고 있다. 스마트폰이 강력해지면 마치 집 전화를 더 이상 사용하지 않는 사람들이 생기는 것처럼 집에서 별도의 컴퓨터를 사용할 니즈를 느끼지 못할 수도 있다. 어차피 주말에 검색하는 쇼핑, 갈 만한 장소, 영화 정보, 게임 등이 모두 스마트폰으로 들어오고 있는데 군이 자리에 앉아서 사용할 이유가 없을 것이다. 모니터의 크기가 한계라고 생각한다면 모니터 선글라스가 당신에게 약 120인치의 화면을 보여 줄 수도 있다. 과거 도스 시절과는 다른 양상의 표준화 마인드가 소비자의 마음에 있다는 사실을 잊어서는 안 될 것이다.

이제 세계인들은 더 이상 컴퓨터 하드웨어를 조립하면서 즐거움을 느끼지 못하고 있다. 인터넷에 접속만 빠르게 된다면 그 어떤 브라우즈 환경도 상관이 없다. 소비자들의 가치는 편리하고 효율적인 환경 그 자체다. 소비자의 니즈는 이미 전천후 인터넷이다. 소비자들이 더 이상 컴퓨터 앞에만 앉아 있기를 거부하는 환경은 컴퓨팅 환경의 패러다임

02 스마트폰이 만드는 새로운 시장

을 변화시키고 있다. 무선 인터넷은 한국인의 생활을 180도 바꾸어 놓을 것이다.

새로운 패러다임은 컴퓨팅의 발전에 따라서 진행될 것이다. 손목에 차는 컴퓨터, 들고 다니는 스마트폰, 가방에 넣고 다니는 스마트북, 거리에서 인터넷에 접속하게 만드는 키오스크, e-Book 단말기 등 우리를 인터넷에 접속시킬 수많은 단말기들이 존재하고 있으며 향후로 더욱 편리한 형태로 우리의 눈과 귀를 즐겁게 해 줄 것이다.

이에 따라 검색은 새로운 형태의 힘을 갖게 된다. 검색을 안다는 것은 빈부의 차를 낳고 있으며 검색 능력은 지식의 능력을 낳게 될 것이 분명하다. 키워드가 더 이상 확장되지 못한다는 이유로 검색을 소홀히 한다면 그것은 당신을 뒤처지게 만들어 버릴 것이다.

검색은 의미론적인 검색으로 더욱 발전해 나가야 한다. 아직 우리의 지식에 대한 니즈를 검색엔진이 제대로 찾아내 주는 것은 아니다. 실시간 검색과 음성 검색은 그래서 더욱 우리에게 강하게 다가올 것이다. 편리한 고객과의 접점을 찾아내 주는 검색엔진을 우리는 선호하게 될 것이다.

수많은 인터넷 사용자들이 장바구니에 담아만 놓고 결제하기를 꺼리는 경우가 많다. 현재의 결제 시스템은 너무나도 복잡하게 만들어져 있다. 여기에도 변화가 반드시 필요하다. 생산자가 물건을 만들어 놓고 인터넷에 올리면 소비자들이 직접 그 물건을 살 수 있는 꿈의 유통 시대를 인터넷이 만들었다. 우리는 서울에 앉아서 제주도의 감귤을 한 박스에 1만 원도 안 되는 금액에 사서 먹고 있다. 백화점이나 동네의 상점에서는 패딩바지 한 벌을 5만 원 이하로 사기 힘들지만 인터넷에는 9천 원에 패딩바지를 팔고 있다. 유통의 단계가 줄어든 인터넷의 경쟁력은 매우 크다. 애플의 앱 스토어는 소프트웨어를 유통하는 새로운 시장을 창출해 내었고 성공가도를 달리고 있다.

검색에 대한 기술 개발과 투자가 지속되고 있다. 플랫폼은 지속적으로 나오고 있고 업그레이드되고 있다. 어제의 사용자들이 내일도 우리의 충성된 고객이라고 확신할 수도 없는 상황이다. 기술 발전은 빠르고 하루가 다르게 신기술들이 바짝 뒤를 쫓아온다. 전투 상황과도 같은 비즈니스 환경에서 법적인 제재도 만만치 않다. 검색을 너무 풀면 개인 정보까지 가지고 오게 된다. 중간 단계에서 사람이 개입할 수밖에 없는 시스템 구조로 가고 있다.

오늘날의 사용자들은 보다 편리한 시스템으로 과감히 이동해 버린다. 아이폰을 통해 그 변화의 움직임을 우리는 이미 지켜보고 있다. 유선 인터넷에서 무선으로 옮겨가고 있는 검색의 패러다임을 절대 그대로 간과해서는 안 된다. 지금까지와는 다른 방식으로 접근해야 한다. 사용자의 행동을 철저하게 분석하고 개발에 임해야 한다. 우리는 현재 과도기 단계에 살고 있다. 전 시대의 변화의 끝과 다가올 시대의 변화의 시작점이다. 그래서 우리에게 아직 기회가 있다.

스마트폰이 촉발시킨
포털의 종합 전쟁

검색 품질에 대한 소비자들의 니즈는 구글, 야후, 네이버 등의 주요 포털들이 지향하는 경쟁의 핵심이다. 사용자들 입장에서는 앉은 자리에서 자료를 빠르고 편리하게 찾아주는 곳이 최고의 포털이다. 하지만 스마트폰 시대로 접어들면서 이러한 경쟁은 더 이상 핵심이 아니다. 스마트폰에서 자사 포털로의 유입을 지속적으로 관리하는 것이 매우 중요해지고 있기 때문이다. 즉 스마트폰 사용자들에게 유용한 애플리케이션을 많이 링크해 주는 전략이 중요해지고 있다.

디지털 시대의 사용자들은 움직임이 매우 빠르다. 디지털 방랑자들이다. 조금만 불편한 부분이 있으면 보다 편리한 곳으로 한 번에 대거 움직인다. 만약 포털들이 아직도 검색 부분에 전쟁의 포커스를 맞추고 있다면 이러한 전략은 대폭 수정되어야 한다. 소비자들의 관점은 서비스의 편리함 쪽으로 이미 돌아갔기 때문이다.

아직은 시간적인 여유가 있다. 모든 사람들이 스마트폰을 사용하는 것은 아니기 때문이다. 하지만 수많은 사람들이 스마트폰을 사용하고 싶어 한다는 사실에 주목해야 한다. 예전에 이메일을 통해서 포털 간 전투가 벌어지고 블로그니 지식 검색 서비스 등 다양한 분야에서 경쟁을 했다면 이제는 스마트폰과 종합 전쟁을 해야 하는 형국이 되었다.

스마트폰의 플랫폼을 가지기 위한 전쟁은 이제 막 시작이 되었다. 구글과 애플은 치고받으면서 세계 모바일 시장을 놓고 치열한 경쟁 구도에 들어갔다. 모바일 인터넷 환경은 서서히 우리의 주변 환경을 변화시킬 것이고, 우리에게 새로운 영역을 확산시켜 줄 것이다. 시장이 넓어지면서 모바일 환경이 구현되는 것이기 때문에 포털의 입장에서는 반드시 위기라고 볼 필요는 없다.

현재의 순위 구도는 크게 바뀌지 않을 것이다. 모바일을 통해서 보다 많은 사람들이 인터넷에 접속하는 시간이 늘어날 것이고 그 혜택은 골고루 나눠 갖게 될 것으로 보인다. 스마트폰의 보급은 기존 인터넷과는 다소 거리가 있었던 사람들을 인터넷으로 연결시켜주는 채널 확장의 역할을 수행하고 있다.

하지만 이러한 채널 확장을 누리는 것은 포털들이 모바일 환경에 순응하고 모바일 인터넷과 연동된 서비스를 지속적이고 체계적으로 관리해 나갔을 때의 일이다. 변화하는 디지털 환경에 발맞추어 걸어야 한다. 그래야 늘어나는 사용자들을 자사의 로열티 높은 고객들로 만들 수 있는 것이다. 이제 포털들은 보다 편리한 인터넷 환경을 위해서 노력해야 한다. 서비스의 격을 높이고 다양한 모바일 환경을 자사의 서비스로 링크해야 한다. 또한 각 포털별로 차별화 포인트를 더욱 부각시켜 나가야 한다.

포털의 경쟁사들이 포털로만 이루어져 있지 않다는 사실에도 눈을 떠야 한다. 포털들의 가장 강력한 경쟁자는 구글과 애플이다. 구글과 애플은 모바일에서 최고의 솔루션으로 무장해 있고 모바일의 하드웨어와 모바일 OS 소프트웨어, 그리고 각종 개발 툴까지 모두 가진 강자이다. 더구나 각종 개발자들은 전 세계인들로 구성되어 있다.

한국 포털의 입장에서 가장 강력한 두려움은 사람들이 더 이상 포털에서 정보를 찾지 않는 일일 것이다. 만약 사람들이 애플리케이션에서 정보를 검색한다면 그것은 포털 입장에서 보면 고객의 이탈이다. 이미 교통 정보를 보는 사람들은 아이폰에서 다운로드받은 애플리케이션을 이용한다.

이런 것은 이탈이다. 과거에는 교통 정보를 보려고 들어왔던 사람이 메인 화면에서 주요한 뉴스를 볼 수도 있었고 쇼핑 박스에서 물건을 살 수도 있었지만 지금은 다르다. 아이폰에서 간단히 교통 정보만을 보고 트위터에서 몇 마디 대화만 나누고 돌아간다면 이것은 포털들에게 크나큰 트래픽의 손실이자 미래의 위기가 아닐 수 없다.

구글과 애플은 모바일 광고를 놓고 치열하게 싸우고 국내의 포털들은 각각 자사의 사용자 사수를 놓고 구글 및 애플과 전쟁을 해야 한다. 중국의 춘추전국시대처럼 너 나 할 것 없는 종합 전쟁이 일어난 것이다.

여기에다 검색 위주의 인터넷 사용은 점차 트위터나 미투데이, 그리고 페이스북이나 싸이월드 같은 소셜 네트워크 활동 위주로 변화하고 있다. 이제 사람들은 오프라인과 온라인을 연계하는 형태의 활동에 더 신경을 많이 쓰고 있다. 단순한 정보를 찾는 것에서 벗어나 자신과 마음이 맞는 사람들과의 커뮤니케이션의 장으로 인터넷이 발전하고 있는 것이다. 이러한 커뮤니케이션 매개체로서의 인터넷에서 바이럴의 효과는 그 어느 때보다 활발하다.

하지만 무서운 시나리오도 있다. 만일 모바일을 구글과 애플이 장악해 버리고 자사의 브라우즈를 통해서 음성 검색을 지원한다면 수많은 사용자들은 구글과 애플이 그리는 모바일 환경에 순응해서 사용할 수밖에 없다. 이렇듯 치열한 모바일 환경에서 살아남으려면 음성 검색 등 모바일 사막에서 살아남을 다양한 낙타 서비스를 만들어 내야 한다.

이미 모바일에서 네이버의 주소를 www.naver.com으로 검색하면 자동으로 모바일에서 접속하는 것을 인지하고 m.naver.com으로 연결해 준다. 다음도 마찬가지이다. www.daum.net을 검색하면 m.daum.net으로 자동으로 넘어간다. 포털들이 자사의 모바일 페이지로 바로 연결시키는 것이다. 모바일 페이지는 단출하고 간략한 필수 기능으로 구성되어 있고 화면도 아이폰이나 기타 스마트폰, 그리고 일반 휴대전화에서도 편리하게 접속이 되도록 구현이 되어 있다.

이미 포털들은 보이지 않는 전쟁을 겪고 있다. 종합 전쟁에서의 승리는 과연 누가 가지고 갈 것인가. 그것은 유연한 서비스를 가지고 최종 사용자들의 편리함에 포커스를 맞춘 포털의 몫이 될 확률이 높다. 사용자들이 원하는 것은 그렇게 크지 않다. 스티브 잡스도 그저 시장의 수요를 파악하고 그 수요에 맞는 하드웨어와 콘텐츠 유통 시장을 제공했을 뿐이다.

쇼핑 문화도 바뀐다

미국에서의 소비자 설문조사에 따르면 소셜 네트워크 사이트가 구매에 영향을 미쳤다고 답변한 사람이 28%에 달한다고 한다. 우리나라에서도 소비자들이 직접 작성하고 사용한 제품에 대한 리뷰나 전문가들이 작성한 리뷰는 매우 인기이다. 어떤 사람이 아이폰을 사보고 마음에 들어서 같은 회사의 제품인 맥북을 사려고 결심을 했다고 하더라도 아무래도 자신이 써 보지 않은 제품이라는 사실 때문에 조금은 불안한 게 사실이다. 과연 인터넷으로 결제는 제대로 되는지, 호환성이 떨어지지는 않는지 검색을 통해 확인을 하게 되는 것이다.

이러한 제품들이 이미 시중에 나와 있는 경우는 그나마 다행이지만 그렇지 않고 막 판매가 시작되어서 사용한 사람들이 거의 없을 때는 트위터와 같은 소셜 네트워크 사이트가 막강한 파워를 발휘할 수 있다. 질문자는 새로 나온 노트북에 대해서 질문만 올리면 나머지는 알아서 답변이 나온다. 기존 네이버의 지식인과 유사하지만 보다 실시간적인 답변을 들을 수 있다. 앞으로 모바일에서 유행할 쇼핑몰 형태는 이미 인터넷에서도 검증된 오픈마켓 쇼핑몰이 될 것이다. 물론 가격비교 쇼핑몰도 매우 유망한 부분이다.

하지만 한 가지 제품만을 파는 쇼핑몰도 스마트폰 환경과 매우 잘 어울린다. 비교할 고민 없이 가장 저가로 좋은 제품을 추천하는 원데이 쇼핑몰은 스마트폰 기기의 하드웨어적인 제약에 가장 잘 어울리는 아이템이다. 최근 들어 아이템을 잘 골라서 하루에 한 가지만 파는 쇼핑몰들이 많이 생겨나고 있는 추세다. 기존 쇼핑에서는 고객이 검색하는 인터넷 환경이 중요했다면, 모바일을 통해서는 소셜 네트워크를 활용한 쇼핑이 대세를 이룰 것으로 보인다.

현재 트위터나 미투데이를 살펴보면 기존 메신저와 게시판의 중간 형태를 띠고 있다. 메신저라고 하기엔 많은 사람들이 연결되어 있고 이야기는 지속적으로 저장된다. 게시판이라고 하기엔 짧은 단문 위주의 글들이 다양하게 올라오고 사람들이 실시간으로 사용한다. 이러한 SNS 사이트들의 중독성은 상상을 초월한다. 입문 단계에서는 너무도 사용자 인터페이스가 생경하게 느껴지지만 자신의 이야기가 카테고리에 올라오기 시작하고 사이버 상에서 친구들이 하나둘 늘어나면 이야기가 달라진다. 자신의 소소한 이야기에 맞장구를 쳐주거나 미처 내가 기존 친구들과 나누지 못했던 정보들이 일면식도 없는 사이버 친구들에게 확장되어 나가는 기쁨은 이루 말할 수 없다.

SNS에서의 정보는 많은 이들에게 눈에 띄게 들어온다. 실제로 어느 이동식 식당은 트위터를 통해서 자신의 이동 위치를 알리면서 영업하는 사례로 나오고 있으며 자신을 팔로우할 때마다 피자를 한 판씩 보내면서 회사를 알리는 사례도 있다.

하지만 모바일 쇼핑 시장이 당장 크게 달라지지는 않을 전망이다. 2009년 말 라이트스피드 리서치에서 설문조사한 바에 따르면, 모바일을 통해서 물건을 구매할 의사가 있느냐는 설문에 응답자의 83%가 '아니오'라고 답했다. 스마트폰을 통해서 물건을 비교 분석하고 구매까지 하기엔 다양한 분석이나 이미지를 정확히 볼 수 있는 환경이 안 되기 때문이다. 또한 모바일 쇼핑을 할 때 사람들은 기왕이면 자신이 잘 알고 있는 신뢰도 높은 사이트에서 구매하고 싶다고 응답했다. 즉 사람들은 모바일을 통해서 당장의 구매를 일으키기보다는 구매 행위 전 단계의 쇼핑 정보를 찾는 것을 우선으로 하는 것으로 판단된다.

모바일 쇼핑에서 가장 큰 수혜자는 가격비교 사이트가 될 것이다. 에누리나 다나와 같은 가격비교 사이트들은 모바일 환경에서 다양한 상품을 한 번에 찾아주고 비교 분석해 주기 때문에 쇼핑을 하려는 수많은 사용자들에게 좋은 호응을 얻을 것이다. 당장은 구매로 이어지는 것이 낮게 보이더라도 이러한 모바일 쇼핑은 쇼핑몰 입장에서는 절대 소홀히 해서는 안 된다. 예컨데 옥션에서 물건을 찾아놓고 결제를 하려고 했는데 해당 쇼핑몰에서 모바일을 지원하지 않는다고 하자. 그러면 이동하는 버스 안에서 같은 제품번호를 가진 다른 쇼핑몰로 갈 수 있기 때문이다.

모바일 쇼핑은 블루오션이다. 미래를 향한 투자가 필요한 시점이다. 모바일 쇼핑 광고로는 의외의 방법이 효과를 불러올지도 모른다. 네티즌들의 추천 문구 한마디에 광고가 붙는 방식이 나올 수도 있다. 어떠한 문구에 특정 브랜드 이름이 거론되면 그 브랜드에 광고가 링크되는 방식은 참신한 광고로 인정될 수 있다. 모바일에서 타이핑을 한다는 것은 불편한 일이다. 음성 인식이 된다고 하더라도 대중교통을 이용할 때는 소음 때문에 음성 인식이 제대로 되지 않을 수도 있다. 그렇다면 SNS 사이트에서 거론되는 신상품 키워드는 새로운 형태의 광고로 자리매김을 할 수 있을 것이다.

또한 이미지 검색도 모바일 환경에서는 큰 인기를 끌 것으로 기대된다. 특이한 제품이나 전자 기기를 보고 스마트폰으로 해당 제품의 사진을 찍는 순간 사진은 바로 검색으로 연결된다. 그리고 해당 제품의 이미지는 당신의 눈앞에서 가격이 저렴한 순으로 몇 개의 쇼핑몰을 추천하게 될 것이다.

과거 모바일 쇼핑이 지리멸렬한 실적을 거둘 수밖에 없었던 이유는 모바일을 통해 접속하면 엄청난 데이터요금 폭탄을 맞게 되었기 때문이다. 하지만 이러한 장애물은 이제 사라지고 없다. 2010년은 모바일 쇼핑의 원년이라고 보아도 무방할 것이다. 쇼핑은 우리 생활에서 필수불가결하다. 쇼핑은 오락의 한 형태이며 사람이 살아나가는 원동력이다. 모바일에서의 각종 장애물이 사라진 현재 시점이 모바일 쇼핑 문화의 한 축을 만들어 나갈 수 있는 좋은 타이밍인 셈이다.

모바일 쇼핑에서 기회를 잡으려면 서두르는 게 좋다. 모바일은 아직 절대 강자가 없고 사용자들도 매우 생경한 분야이다. 그렇다면 당신이 만드는 모바일의 UI가 표준처럼 사용자들의 손에 익숙해질 수 있는 좋은 기회이기 때문이다. UI에 익숙해지면 다른 경쟁사보다 유리해질 수 있다.

스마트폰이 트위터를 원했다

트위터를 처음 접하면 도무지 정신이 하나도 없다. 한국의 미투데이도 마찬가지다. 너도 나도 자신의 이야기를 하고 그 이야기는 도대체 이어지지가 않는다. 처음 방문한 사람들은 어리둥절할 수밖에 없다. 이것은 처음 시끌벅적한 카페에 막 들어선 사람이 겪게 되는 실제 생활에서의 아노미적인 시끄러움과 일맥상통한다. 하지만 한 사람씩 친구를 늘려 가면서 이야기를 하다 보면 트위터의 방식이 틀리지 않았다는 것을 알 수 있다.

트위터의 개념을 가만히 살펴보면 내가 팔로우를 하지 않으면 글을 읽을 수가 없다는 것을 알게 된다. 좀 더 정확히 말하면, 당신이 주체가 되어서 누군가에게 채널을 선택할 권한을 준 것이고 그 권한을 잘 살려서 특정한 채널을 선택하면 그 사람은 당신의 일거수일투족을 세밀하게 느낄 수 있다. 실시간으로 어떤 사람의 생활 방식을 확인하는 것이 가능한 것이다.

스마트폰이 가지고 온 새로운 환경은 사용자들을 오픈된 공간으로 내몬다. 어차피 현대인들은 외로운 족속들이란 걸 기계가 알고 있는 것처럼 말이다. 트위터의 매력은 처음에는 아무런 색깔이나 스케치도 되지 않은 백지 그 자체라는 점이다. 하지만 사용자가 하루에 한 줄씩 글을 쓰거나 일주일에 한두 번 들러서 자신의 일상을 쓰고 시사에 대한 감상을 짧게 나누다 보면 빈 공간은 점점 자기만의 색깔로 채워진다. 점심식사는 주로 어떤 것을 먹고, 어떤 책을 보며, 어떤 영화에 관심이 있는지 점차 사용자의 성격이나 취향을 드러내게 된다. 이 단계에 접어들면 트위터는 스마트폰에서 자신의 분신과도 같은 아바타가 된다.

이러한 트위터는 당신에게 새로운 경험을 보여 줄 수 있다. 많은 사람들이 당신의 트위터를 방문하고 당신에게 팔로우 신청을 하게 된다. 팔로우 숫자가 늘면서 과거에는 생각지도 못했던 단문 네트워킹이 새롭게 세상과 당신을 연결시켜 줄 것이다. 한 줄 한 줄이 쌓이면 장문이 되고 그러한 문장의 이어짐은 결국 어느 한 개인을 대변하는 하나의 텍스트 아바타가 된다. 이런 경험은 기존의 매체나 포털에서 느끼지 못했던 중독성을 가지고 있다.

많은 사용자들이 책상에 앉아서 트위터를 경험하다가 이제는 스마트폰을 통해서 거리에서 접속을 한다. 트위터가 자신의 옆에 있는 느낌이 드는 단계다. 트위터는 모바일에 포커스를 두고 만든 사이트다. 모바일에서 장문을 쓰는 것은 힘들고 지친다. 그래서 트위터에서는 기존 사이트로의 링크 주소도 매우 간략하게 줄여 주는 기능이 들어 있다. 트위터에는 긴 URL 주소 대신 Http://bit.ly/abc의 형식으로 된 수많은 링크 주소가 있다. 이건 고객들이 140자 이내로 글을 써야 하는 트위터의 원칙을 지켜주기 위해 긴 URL 주소를 단축시킬 수 있는 기능을 만들어 놓은 것이다.

트위터에 들어가면 오른편에 인기 검색어 코너가 있다. 현재 트위터를 사용하는 사람들이 가장 많이 검색하는 인기 검색어다. 또한 트렌딩 토픽이 바로 아래 있는데 이것은 전 세계 트위터 사용자들에게 가장 인기 있는 단어와 해시태그 목록이다. 미국의 트위터에 들어가기가 영어라서 부담스럽다면 www.twtkr.com을 방문하면 된다. 미국의 트위터와 연동된 한국어 사이트이다. 회원 가입은 www.twitter.com에서 하고 사용은 www.twtkr.com에 가서 이용하면 된다.

Hashtag : 트위터 이용자들이 그들의 트위트를 지정하고 이들을 각각의 범주로 분류하는 기호(#). 공통된 주제를 가지고 이야기하는 사람들끼리의 약속이라고 보면 된다.

영어가 모국어가 아닌 언어권을 위해서 지원되는 국가별로 로컬화된 트위터 지사 사이트들은 일본, 중국 등 다양한 국가에 널리 퍼져 있다. 특히 www.twtkr.com의 경우 해외에서 올라와 있는 글을 실시간으로 번역해서 볼 수 있는 기능도 있다. 아직 번역이 완벽하지는 못하지만 그나마 단문 영어를 번역하는 것이어서 제법 번역 기능이 충실하다.

최근 한국에서 약한 지진이 있었다. 2010년 2월 9일 경기 시흥이 진원지였다. 약 3도의 지진으로 진동을 감지하고 트위터를 보니 이미 지진에 관한 소식이 나오기 시작했다. 그리고 얼마 지나자 뉴스 속보로 나오기 시작했다. 트위터의 속도는 빛의 속도라고 해도 과언이 아니다. 과거에는 RH-O형을 찾는다는 등 특수한 혈액형을 가진 사람들을 찾는 일은 수많은 사람들이 접하는 TV의 몫이었다. 드라마나 뉴스를 볼 때 속보 형태의 자막으로 흘렀다. 그런데 이제는 트위터가 이런 역할을 대신하고 있다.

세계 2위 컴퓨터 업체인 델(Dell)은 트위터를 통해서 2007년 이후 약 300만 달러어치의 자사 제품을 판매했다고 밝힌 바가 있다. 물론 전체 매출에 비해서는 미미한 수준이지만 트위터를 통해서 각종 쿠폰이나 이벤트를 진행하는 기업의 마케팅이 가능하다는 것을 시사하는 부분이다. 트위터는 형식에 구애받지 않고 세상 그 어떤 미디어보다 자유롭게 자신의 의사를 외부 세계로 알리는 마이크의 역할을 하고 있다.

스마트폰과 블루오션 1인 기업

스마트폰은 분명 새로운 기회를 열어 줄 것이다. 지금은 우리 세대가 겪는 새로운 디지털 변화의 초입이다. 보통 이런 기회는 30년마다 한 번씩 온다. 인터넷이 처음 도입된 이래 두 번째 기회다. 인터넷에 진입할 기회를 놓쳤거나 새롭게 창업을 꿈꾸고 있다면 이러한 모바일 러시에서 물러서면 안 된다. 각종 아이폰 애플리케이션 개발자들도 제대로 된 대우를 받기 시작했다.

그럼 어떤 비즈니스를 시작해야 돈을 벌 수 있을까. 필자는 인터넷 초창기에 인터넷에 눈을 떠서 매달 수천만 원의 돈을 벌어 본 경험을 가지고 있다. 인터넷 회원 가입 사이트로 말이다. 그러한 경험은 필자에게 인터넷의 가능성을 알려 주었고 결국은 광고 회사를 설립할 용기를 주었다.

모바일 러시의 시대는 금광 시대다. 지금 뛰어들면 후회는 하지 않을 것이다. 하지만 방향을 잘 정해야 성공할 수 있다. 창업을 해서 성공할 확률은 누구나 알다시피 극히 낮다. 하지만 정확한 목표를 세우게 되면 이러한 실패 확률은 낮아진다. 에베레스트를 올라가 본 사람을 쫓아서 가면 좀 더 쉽게 접근이 가능한 것처럼 말이다.

우선 모바일로 넘어가는 현 단계에서는 하얀 종이에 비즈니스 그림을 그리는 게 좋다. 당신 앞에 놓인 하얀 종이가 모바일의 현 상황이다. 모바일에서의 구인구직은 새로운 창업 아이템이다. 굳이 기존의 데이터베이스가 필요하지 않다. 모바일에서 이력서를 받아야 하니 보다 편리하고 간략히 축소된 이력서 양식을 올리는 것이 경쟁력의 원천이 될 것이다.

좀 더 세밀한 부분은 개인 동영상으로 구현하면 좋은 모델이 될 것이다. 사전에 면접 담당자의 인터뷰를 따고 그 질문에 답하는 형태로 동영상을 보여 주면 매우 우수한 콘텐츠로 승부할 수 있을 것이다.

모바일에서 컨설팅 비즈니스도 가능하다. 당신이 현재 직업을 가지고 있고 전문직이라면 그러한 기술을 베이스로 해서 노하우를 전수하는 마켓을 만들 수 있다.

당신이 개발자라면 각종 애플리케이션을 개발하는 것도 아이템이 된다. 당신이 주부라면 기업의 제품을 트위터나 미투데이로 알리는 업무를 하는 것도 새로운 비즈니스 아이템이 된다.

모바일은 이동성이 좋고 많은 사람들에게 홍보하기에 좋은 창구이다. 모바일 상품권을 유통하는 일을 하거나 기존 소설을 리뉴얼하는 것도 매우 좋은 아이템이다. 특정 우표나 화폐와 같은 수집품을 거래하는 모바일 창업도 취미와 더불어서 같이하기에 좋다.

모바일에서는 과거와 달리 모든 포털을 열면서 다니기에는 한계가 있다. 따라서 이러한 불편함을 모아서 한 번에 검색이 되게 메타 검색엔진으로 승부하는 것도 좋은 반향을 불러일으킬 것으로 생각된다. 모바일 환경 자체를 강의하는 업무도 누군가 맡아서 진행하면 작은 창업 아이템으로 활용이 가능하다.

모바일을 통해서 방범 아르바이트도 가능해진다. 누군가의 웹캠을 통해서 네티즌들이 적정 시간 동안 돌아가면서 감시하고 적정 포인트를 받아가는 형태가 좋다. 모바일 오피스를 만들어 주는 모바일 컨설턴트도 좋은 아이템이다.

좋은 솔루션 업체를 찾아서 대리점이나 딜러 계약을 하고 영업만 하는 형태의 창업도 가능하다. 모바일 폰에서 찍은 이미지만을 거래하는 사이트도 좋다. 수많은 사람들이 자신이 찍은 이미지를 모바일 웹에서 거래할 수 있다면 충분히 좋은 비즈니스가 될 수 있다. 모바일을 통해서 자신의 창작 활동을 알리고 작품을 파는 것도 좋은 아이템이 된다는 것도 알아야 한다.

기존 블로그의 정보를 모바일용으로 재편집하는 것도 하나의 일이 될 수 있다. 모바일 웹 사이트를 만드는 에이전시도 매우 유망해 보인다. 모바일로 기존 학습지를 재편집하거나 애플리케이션으로 만드는 일도 아주 미래가 밝다.

각종 소셜 네트워크 서비스 사이트와 연계해서 사람들을 상담해 주는 업무도 유망하다. 현대인들의 머리는 항상 스트레스에 노출되어 있어 복잡하기 때문이다.

모바일로 설문조사를 하는 기업도 생기게 될 것이다. 모바일에서 기업들의 쿠폰을 대신해서 발행해 주고 집행해 주는 광고 업체들도 생길 것이다. 모바일로 재무 설계를 해주는 보험 영업도 가능하다. 모바일로 각종 공연이나 영화 티켓을 대행해 예매해 주는 업무도 유망한 분야로 보인다.

모바일을 통해서 고객의 일정을 체크해 주는 일도 유망한 분야다. 스마트폰의 기능을 보완해 주는 각종 디바이스 제조도 유망한 분야다. 스마트폰 사용자를 위해 와이파이 망을 갖춘 카페도 새로운 트렌드로 자리매김하고 있다. 신용카드 환영이란 문구처럼 입구에 '와이파이 망 있음'이란 문구가 가게마다 붙을지도 모른다.

모바일을 통한 벨소리나 음원 제작을 전문으로 하는 창업도 유망하며, 문자를 보낼 때 이미지나 좋은 글귀를 만들어서 이미지 플랫폼을 제공하는 비즈니스도 좋다. 오프라인 카드가 점차 사라지는 추세에 있기 때문에 온라인 카드와 온라인 청첩장 시장도 유망한 분야다. 아울러서 온라인 카드를 통해 온라인으로 한 번에 경조금을 받는 서비스도 좋은 성과를 거둘 것이다.

모바일을 통해서 각종 회원 모집을 대행해 주는 비즈니스도 향후 유망한 분야이다. 기업은 언제나 고객을 모집하고 싶어 한다. 어느 분야에서든지 이러한 비즈니스는 밝은 내일을 약속할 것이다. 모바일 뉴스 분야도 유망하고, 기업들의 이벤트를 모바일에서 쿠폰 형태로 만들어 주는 업무도 가능하다.

바야흐로 모바일 세상이 열리면서 새로운 창업 아이템도 넘쳐나고
있다.

이메일 마케팅 대신
소셜 네트워크 마케팅

소셜 네트워크 사이트를 활용한 마케팅이 이메일 마케팅을 빠르게 대체해 나갈 것이다. 앞서 언급했지만 트위터나 페이스북과 같은 소셜 네트워크 사이트를 활용한 마케팅은 이제 시작 단계에 접어들었다. 마케팅에서 성공했다는 것은 자사의 제품이 널리 대중에게 회자된다는 뜻이다.

기업들은 그동안 TV, 라디오, 신문과 같은 매스미디어에 주력해서 광고를 해왔다. 작은 상점들은 전단지나 플래카드를 활용한 마케팅을 했다. 하지만 이런 광고 매체는 매출이 급감하고 있다. 반면에 인터넷 마케팅은 인기몰이를 하고 있다. 인터넷에는 기업들이 원하는 바이럴의 효과를 극대화시킬 수 있는 다양한 플랫폼이 있다. 기업들은 제품의 홍보를 원하고 있으며 이러한 홍보의 툴로 블로그와 소셜 네트워크 사이트들은 다양하게 활용될 전망이다.

다만 홍보성과 정보성의 차이에서 고민을 해야 한다. 스팸과의 전쟁은 거의 사라지게 될 것이다. 내가 친구를 맺지 않은 사람이 날리는 홍보성 메일은 차단을 해버리면 되기 때문에 스팸 업자들은 소셜 네트워크 사이트에서는 기존과 같은 스팸성 글로 불법 성인물을 홍보할 수 없을 것이다.

최근 구글의 지메일을 선호하는 메일러가 부쩍 늘고 있는데, 지메일에는 스팸이 거의 없다. 필자의 경우 아웃룩을 사용하다가 도저히 스팸을 견딜 수가 없어서 지메일로 과감히 변신을 했다.

그런데 구글은 최근 지메일 기반의 SNS 사이트를 개설했다. 구글버즈라는 이름을 달고 세상에 공표된 이 서비스는 과거 구글 서비스를 통해서 메일을 주고받았거나 채팅을 한 경험이 있는 경우 별도로 친구 등록을 하지 않아도 대화를 주고받을 수 있게 만들어져 있다. 구글도 향후 모바일 환경에서의 SNS 발전 가능성에 대해 동의를 하고 있는 것이다. 우선적으로는 트위터를 견제하는 목적이 가장 커 보인다.

이러한 모바일 인터넷 트렌드에 힘입어서 소셜 네트워크 사이트는 인기몰이를 하고 있다. 얼마 전까지 파워 블로거의 시대를 거쳐 왔다면 이제 우리는 수퍼 수다쟁이를 찾아서 홍보를 의뢰할지도 모른다. 수많은 사람들과 네트워크를 가지고 있고 그러한 네트워크를 활용해서 자신의 영역을 어느 정도 확보한 수퍼 수다쟁이라면 미래의 마케팅 영역에 충분히 활용이 가능하기 때문이다.

차기 마케팅에서 소셜 네트워크의 영역은 필수불가결한 영역이고 미개척 분야임에 틀림없다. 중간 접점으로서의 파워 사용자를 확보하고,

그러한 사용자들이 기업에 우호적인 목소리를 낼 수 있다는 전제 하에 비즈니스는 성공의 길을 갈 수 있다. 사람들은 새로 막 생긴 아르바이트가 사기성이 있는지 묻고 싶을 때 자신이 속한 휴먼 네트워크 집단에게 물어볼 수도 있다. 답변은 보통의 경우 이삼 분을 넘지 않는다.

필자의 경우 한국형 트위터인 미투데이에서 여러 방문자들을 만나고 그들에게 스마트폰에 대해서 글을 올린 적이 있다. 그리고 이틀에 걸쳐서 많은 사람들에게서 친구 요청을 받았다. 그 중에는 필자에게 교통 관련 카테고리로 어떤 것을 주로 사용하는지 묻는 사람들이 있었다. 필자는 자주 사용하는 애플리케이션에 대해 답해 주었다. 그는 필자에게 질문하고 채 1분도 지나지 않아서 자신이 얻고 싶어 하는 답을 얻어간 것이다.

예전에는 포털에 검색을 해서 찾거나 아니면 직접 질문을 하고 답이 올 때까지 기다리는 방식이었다. 하지만 SNS 사이트들에서는 질문에 대한 답이 실시간으로 온다. 거대한 인맥을 맺고 그 속에서 당신이 궁금해하는 타인들의 의견을 실시간으로 들을 수도 있다. 이러한 정보의 검색은 검색엔진의 주요 콘텐츠 중 하나로 자리를 잡고 있는 중이다.

내가 점심에 무엇을 먹을까 하고 한 줄의 글을 올리기만 하면 그러한 내용은 바로 내 친구들에게 전달이 되고 그들은 각각 자신의 점심식사 메뉴를 내게 보여 준다. 심지어 점심식사를 하다가 신기하거나 맛있는 음식이 있으면 스마트폰으로 사진을 찍어서 바로 트위터나 미투데이에 올린다. 그러면 이 사진 하나에 다시 사람들의 댓글이 달린다. 트위터나 미투데이는 이렇게 새로운 사람과의 디지털 네트워크를 만들고 있다.

다음 세대 인간관계의 전형이 될지도 모른다.

이러한 이야기들은 쉽게 수정될 수 없게 되어 있다. 한 사람의 언어가 데이터베이스화 되는 것이다. 이런 데이터베이스가 전 세계적으로 모이고 있다. 이것은 살아 있는 생생한 정보가 되어서 누군가에게 도움이 된다. 구글에서 검색이 되기 때문이다. 만일 당신이 구글의 특정 카테고리에 광고를 집행해 왔고 새로운 광고 영역을 찾고 있다면 트위터에 당신의 업무와 비즈니스에 대해 보다 상세히 어필할 필요가 있다. 많은 사람들이 그 정보를 보게 될 것이다.

디지털 마케팅의 메시지 증폭 효과

미국의 기상학자 에드워드 로렌츠는 브라질에 있는 나비의 날갯짓이 미국 텍사스에 토네이도를 발생시킬 수도 있다는 기발한 과학 원리를 생각해 냈다. 이 원리는 훗날 물리학에서 카오스이론의 기초가 되었다. 나비효과는 동명의 영화로도 나와서 관심을 끌었던 바가 있다. 현재의 작은 사건이 미래에 엄청난 결과의 차이를 가지고 온다는 이론으로, 오늘날 디지털 마케팅에서도 매우 유의미한 이론이다.

　실제로「파라노말 액티비티 Paranormal Activity」라는 공포영화는 유튜브와 페이스북, 그리고 트위터를 활용한 마케팅의 절정이었다. 스티븐 스필버그는 이 작품을 유튜브에서 접하고 사들여서 마지막 장면만을 영화판으로 손질해서 올렸다. 이미 수많은 사람들이 유튜브를 통해서 보고 기겁한 내용이었다. 하지만 유튜브에 올라와 있는 내용은 시시하기

짝이 없다. 그것을 스티븐 스필버그는 세계 최고의 명품 공포영화로 재탄생시켰다. 영화를 보면 알겠지만 제작비 2천만 원을 들였다고는 하지만 거의 식사비가 아닐까 싶을 정도로 철저히 가정용 비디오카메라로 찍었다. 그런데 엔딩 부분만 약간 각색한 작품이 1000억 원 이상을 벌어들인 것이다. 무려 2000배가 넘는 수익을 올렸다.

영화사는 영화를 보면서 놀라는 사람들의 얼굴을 찍어 영화에 섞었고, 영화관에 설치한 적외선 카메라로 다시 관객들의 반응을 찍어 사람들에게 홍보하는 방법을 사용했다. 이러한 홍보 영상은 유튜브를 통해 전 세계의 사용자들에게 홍보가 되었고, 트위터를 통해서 입소문이 퍼져 나가게 했으며, 실제로 개인이 찍은 듯한 이미지와 실제 이야기라는 것을 섞어 철저히 마케팅에 활용했다.

그 결과는 놀라웠다. 미국, 영국, 호주 등의 영미권 국가에서 박스오피스 1위를 기록한 것이다. 아마 한국의 사용자들이 영어를 사용하고 있었다면 우리나라에서도 이런 붐이 일지 않았을까 생각된다.

이러한 영화 성공의 배경에는 무엇이 있을까. 이 영화의 모든 것이 진실이라는 믿음을 기획 단계에서부터 철저하게 주고자 한 기획력, 그러한 진실을 바탕으로 심령영화에 대한 사람들의 관심을 불러일으킨 힘이 주효했다. 다양한 경로로 메시지를 전달해 온 디지털 마케팅 메시지 증폭효과의 결정판이라 할 수 있다.

사람들은 영화의 내용에 담긴 공포가 실제 일어난 사실이라고 생각해서 본인이 느낀 충격과 공포를 그대로 페이스북과 트위터에 올렸다. 영화 감상평을 본 사람들로 인해 생긴 이러한 열풍은 결국 수많은 사람들의 호기심을 자극했던 것이다. 「파라노말 액티비티」는 실제로 보면 정말 평범하게 만든 영화다. 오늘날 우리가 접하고 있는 디지털 환경은 이렇게 평범한 영화조차 순식간에 실제 사례가 들어 있는 심령영화로 메시지를 증폭시키는 역할을 수행하게 만드는 것이다.

사람들이 이슈성 이야기나 특이한 자신의 체험을 올리면 그 체험은 다시 다른 사람에게 빛의 속도로 전파되는 시대에 우리는 살고 있다. 이러한 전파력은 사건의 충격 강도가 높으면 높을수록 빠르게 전파된다. 과거 이러한 소문은 한 국가에 그쳤지만 이제 국경은 의미가 없어졌다. 만약 「파라노말 액티비티」를 언어권별로 준비해서 기획하고 전 세계 언어로 마케팅했다면 세계 시장이 놀랐을 수도 있다.

제품이든 영화든 완성도가 높으면 사용자들은 자발적으로 홍보를 해주는 시대가 되었다. 국적이 다르다고 배척하지 않는다. 점차 하나의 무대를 놓고 경쟁하는 시대가 된 것이다.

「아바타」는 3D 영화의 한 획을 그었다. 제임스 캐머런 감독은 10년의 준비를 거쳐서 영화를 발표했고 제작의 전 과정에 디지털 기술이 가미되었다. 유튜브를 통해 제작 과정을 담은 메이킹 필름을 올렸고 인터뷰 기사와 홍보 동영상을 함께 내걸었다.

물론 영화의 완성도도 한몫을 했지만 아무리 잘 만든 영화일지라도 홍보에 실패하면 흥행에 실패한다. 「아바타」는 국가별로 전 세계인들이 기존에 접하지 못했던 완벽한 3D의 재미를 느낄 수 있는 영화로 재탄생되었고, 일부 최첨단 영화관에서는 4D 기법으로 의자를 움직이거나 바람이 앞에서 나오는 등의 체감 영상을 제공해서 성공에 한몫했다.

이러한 최첨단 기술이 동원된 「아바타」에 대해서 수많은 사람들이 자신의 블로그나 카페에 영화 감상평을 쏟아놓음으로써 아직 보지 못한 사람들에게 무한한 호기심을 느끼게 만들었다. 사용자 스스로는 못 느끼는 사이에 이미 홍보대사 역할을 하고 있는 것이다. 하나의 영화 감상평을 상세히 올리고 줄거리를 올리면 파워 사용자가 쓴 글은 평균 수백 명에서 수천 명이 읽게 된다. 그리고 그 글을 읽은 사람들 중에 파워 사용자가 몇 명은 있게 되고 다시 그들이 쓴 글을 수백 명에서 수천 명이 보게 된다. 이러한 소수의 엘리트 사용자들은 다양한 경로에서 글을 쓰고 그러한 글은 사람들의 피드백을 유도한다.

디지털 마케팅의 장점은 기존 광고매체 대비 상대적으로 저렴한 금액으로 홍보를 극대화할 수 있다는 점이다. 물론 단점도 있다. 기업에 대한 악성 글조차 빠르게 확산된다. 하지만 불법적인 악성 글에 대해서는 명예훼손 등 다양한 법적 절차를 통해 사전에 차단하는 방법도 있으니 그리 문제될 것이 못 된다.

디지털 마케팅은 기존 인터넷 마케팅과 스마트폰 등 모바일을 활용한 마케팅, 그리고 아이패드 등 첨단 기기를 활용한 마케팅을 아우르는 광의의 개념이다. 삼성이 특정 상품을 홍보하기 위해서 소녀시대의 스크린세이버를 바탕화면용 위젯으로 배포하고 이를 캠페인화한 적이 있다. 디지털 마케팅을 적절히 활용한 것이다.

디지털 마케팅은 구매 시점의 소비자를 공략하는 것이 포인트다. 게임을 하는 사람들은 게임만을 하지 않는다. 일례로 인터넷으로 바둑을 두는 사람들을 보자. 대부분 삼십대 후반에서 오십대 이상의 청장년층이다. 그런데 그들이 바둑을 둘 때 나오는 프로그램에 광고는 전혀 없다. 번쩍거리는 광고만 아니라면 게임에 방해가 되지도 않을 것인데도 그렇다.

해외의 경우 다양한 사이트들이 자사의 홈페이지가 트위터나 페이스북과 연동되어 있음을 고객에게 알린다. TV와 라디오, 신문은 노출빈도를 조정할 수도 없고 사용자의 피드백을 받을 수 있는 채널이 한정되어 있다. 하지만 인터넷이나 모바일 등의 뉴미디어는 새로운 디지털 기기들과 연계되어서 이러한 마케팅의 노출을 조정하거나 성과를 정확하게 측정하는 것이 가능하다.

인터넷 전화와 연계한 페이콜 방식의 광고도 서서히 기지개를 켜고 있다. 디지털 마케팅에서 소비자들의 구매를 유도하는 것은 소프트웨어적인 유연함이다. 아무리 편리하게 시스템을 구현해 놓았다고 해도 결제가 잘 되지 않는 시스템에서 구매 행위는 일어날 수 없다. 매번 로그인을 해야 하고 사용자 인증을 해야 한다면 그것은 수동적인 디지털 마케팅이다. 한국만 시장으로 생각하는 것이 아니라, 세계 시장을 놓고 전세계의 사용자들에게 보다 유연한 환경에서 쇼핑이 가능하도록 하는 법적, 제도적 뒷받침이 필요한 시점이다.

모바일 시대를 놓치면
10년 기회를 잃는다

세계는 여러 석학들이 예측한 대로 정보화 시대의 중심으로 가고 있으며 단일화 시장으로 나아가고 있다. 토마스 프리드만은 인도의 IT 콜센터 아웃소싱이 미국의 일자리를 빼앗아간다고 이야기하면서 세계를 무대로 아웃소싱 붐이 불고 있다고 말한 바가 있다.

모바일은 이러한 실물경제에 다각도로 영향을 끼치고 있다. 무선 데이터의 거래량은 폭발적으로 증가하고 개인들의 지식과 노하우는 실시간으로 인터넷을 장악하고 있다. 기존 미디어들이 개인들의 연합으로 나오는 정보에 밀리는 현상도 생겨나고 있다. 오히려 동일한 사건이나 현상을 놓고 개개인인 소수의 전문가들이 점차 미디어의 파워까지 빼앗는 형국이다.

머지않아 세상은 스마트폰 사용자들로 넘쳐날 것이다. 집에서 게임을 별도로 하지 않는다면 아이폰과 아이패드 외에 특별히 컴퓨터를 이용할 이유가 없는 사람들도 생기게 될 것이다. 오늘날 컴퓨터가 각 가정에 자리 잡은 것처럼 스마트폰이 한 가정에 3대에서 4대씩 자리 잡는 시대가 오고 있다. 현재 스마트폰은 진화를 거듭하고 있으며, 트위터를 통해서 인터넷과 모바일이 연결된 것을 바탕으로 수많은 모바일 커뮤니티가 생겨나게 될 것이다.

컴퓨터를 기반으로 한 모바일 스마트 기기는 우리에게 디지털 사회로 나아가는 길을 제공하고 수많은 일자리와 기회를 준다. 하지만 비즈니스의 영속성을 담보할 수 있는 기업은 사라지고 있다.

모바일 시대에 중요한 것은 디지털 콘텐츠이다. 아무리 세상이 발달하고 인류가 경쟁을 치열하게 해도 콘텐츠가 없는 스마트폰은 그냥 깡통일 뿐이다. 디지털 콘텐츠는 영상이나 음향, 전자책과 모바일 게임, 그리고 이러닝 등 다양한 형태로 매우 폭넓게 제작될 수 있다. 많은 사람들이 필요로 하고 있고 지금 이 순간에도 수많은 콘텐츠가 팔리는 세상에 우리는 살고 있다. 콘텐츠를 통해서 핵심 경쟁력을 키워야 하는 동시에, 하드웨어의 통합 컨버전시 트렌드가 가속 페달을 밟고 있다는 사실도 간과해서는 안 될 것이다.

앞서 언급한 수직 계열화와 확장 전략을 활용해야 한다. 기존 제품에 추가적인 기능을 수시로 추가해야 한다. 당신이 주춤거리는 사이에 국내외를 막론하고 언제 어디서 경쟁자가 나타날지 모른다. 이러한 변화와 통합의 트렌드는 각 학교 단위에서 회사 단위, 국가와 지방자치단체까지 그 어느 영역이라고 안심해서는 안 될 분위기를 만들고 있다.

앨빈 토플러는 지식이 권력이라고『권력 이동』에서 주창했지만 모바일 시대로 넘어가면서 이제 권력은 상상력이 가지게 되었다. 하나의 아이디어가 수십만 명을 먹여 살리는 시대가 된 것이다. 오늘날 인터넷의 발달로 데이터의 수집은 기하급수적이란 표현으로도 모자랄 정도로 급속도로 모이고 있다. UC버클리대학의 컴퓨터 과학자 존 헐스테인은 이러한 현상에 대해서 데이터의 산업혁명이라고 명명한 바가 있다. 다양한 데이터를 수집하고 분석하는 것은 컴퓨터에 맡길 수 있는 분야이지만, 그 이상의 수평선 너머를 보는 것은 바로 상상력이며 그건 우리가 할 수 있는 일이다.

더 무섭게 표현하자면, 만약 우리가 그 너머의 상상을 포기하는 순간 미래의 각종 컴퓨터나 인공 지능 로봇이 당신의 업무를 대체해 버릴지도 모른다. 그건 당신의 회사가 없어진다는 뜻이기도 하고 당신의 경쟁력이 떨어진다는 뜻이기도 하다. 기업들의 경우도 마찬가지이다.

디지털 시대에는 과거의 규범이나 전통적인 가치가 거꾸로 되는 사례가 많이 발생한다. 예컨대 과거에는 누군가의 흔적을 찾고 다니면 못된 스토커 취급을 당했지만 오늘날 이러한 흔적을 찾는 것은 마케팅에 가장 필요한 데이터를 쌓기 위해 필수적인 행위가 되었다. 과거에는 아무에게나 말을 거는 것은 미친 행동이었지만 오늘날 우리는 수많은 팔로우를 만들고자 그런 어색함 정도는 감수한다.

모바일 시장은 뜨겁게 우리 앞에 놓여 있다. 기존 플랫폼의 변화는 수많은 기회를 양산한다. 트위터나 미투데이 등 소셜 네트워크 사이트들은 이제 시작일 뿐이다. 여기에 추가된 기능을 장착한 새로운 사이트들은 향후 세계를 장악해 나갈 것이다. 문제는 상상력이다. 과연 어떤 부분이 약한 고리로 이어져 있는지를 찾아내는 곳에 바로 답이 있다. 마이스페이스는 이제 되었다고 하는 순간 페이스북에게 밀렸고, 페이스북도 이 이상의 영역이 있을까 싶을 때 트위터가 나왔다는 사실을 기억하라. 기존 경쟁자를 물리쳤다고 안심하는 순간 새로운 영역에서 예상하지도 못한 경쟁자들이 나타난다.

이것은 오늘날 삼성과 LG, 노키아와 같은 세계적인 회사들이 느끼는 위기감과 동일시된다. 필립 코틀러 박사도 이러한 위기에 대한 대응 시스템이 필요하다고 언급한 바가 있다.

한국에서 매년 화두가 되는 학습 시장도 마찬가지이다. 과거 일일 학습지 시장과 이러닝 시장은 분명히 다른 시장이었다. 오프라인 학원도 마찬가지였다. 종로학원, 대성학원, 정일학원 등 한국에는 수능을 위한 3개의 유명한 종합 입시 학원이 있었다.

하지만 오늘날 이러한 학원은 점점 명맥을 잇기 힘들어지고 있다. 메가스터디와 같이 온라인 수강생들을 유치해서 전국적인 강의를 하는 학원들이 저렴한 수강료를 기반으로 확산되고 있기 때문이다. 메가스터디의 연간 매출액은 2천억 원이 넘고 시가총액은 1조 원을 넘는다. 일일 학습지 시장도 같은 패턴을 보이고 있다. 『빨간펜』『튼튼영어』와 같은 학습지 업체들은 온라인으로 학습 정보를 다시 제공한다.

미래를 보고 움직일 수 있다면 그것보다 좋은 일은 없을 것이다. 트렌드의 변화는 이미 우리 앞에 와 있다. 트렌드 속에서 하나의 시장과 경쟁 우위의 핵심 가치를 발견하기는 어렵지 않다. 문제는 어떻게 미래를

예측하고 그 시장을 자신의 것으로 가지고 올 것인가에 대한 문제로 귀
착된다. 실행력이다. 그 안에 답이 숨어 있다.

03

모바일 인터넷 시대의
패러다임

미래 검색엔진의 화두

모바일 검색은 2010년 들어 아이폰을 필두로 해서 본격적으로 사용자들이 이용하기 시작했다. 이른바 모바일 검색 시대가 열린 것이다. NHN의 경우 네이버를 필두로 해서 기존의 사용자들을 수성하는 입장이다. 어찌 보면 가장 불리한 상태에서 경기에 임할 수밖에 없다. 점유율은 이미 최고 한계점을 돌파한 70%가 넘는 수치이지만, 기본적으로 아이폰에는 구글 검색엔진이 깔려서 나왔고 아이폰이나 안드로이드폰에서 네이버는 하나의 애플리케이션에 불과해졌다. 과거 윈도우 환경에서도 이와 유사하지 않았느냐고 반문할 수도 있지만 그때는 적어도 경쟁사들이 OS를 장악하고 있지는 않았다.

이러한 모바일에서 가장 돋보이는 것은 당연히 구글이다. 구글은 자체 OS를 모바일에 특화해서 만들어 놓았고 관련된 모바일 광고 전문 회사를 인수하기도 했다. 하지만 네이버가 어떤 조직인가. 네이버의 독창적인 콘셉트는 미래에도 굳건히 시장을 수성할 수 있을 것이라는 것에 전문가들이 고개를 끄덕인다. 다만 구글의 횡보를 보면서 그 추세를 절대 놓치지 말아야 한다.

이제 구글은 단순한 인터넷 검색 기술을 가진 검색엔진 그 이상의 가치를 바라보고 있다. 스마트폰이 출시되면서 구글의 야망이 새삼 두렵게까지 느껴진다. 스마트폰이 출시되기 전에 구글의 움직임은 단순한 전략이나 콘셉트로 느껴질 뿐이었다. 하지만 지금 스마트폰이 사용자들에게 개인화 서비스 영역으로 접근하는 데 있어서 구글은 이미 준비된 서비스를 마쳤다는 느낌을 준다.

스마트폰에서 검색을 할 경우 모든 것이 한 번에 리스팅되는 것은 사용자에게 불편함을 더 가중시키게 된다. 차라리 스마트한 검색엔진이 제대로 된 검색 결과를 절제해서 보여 주는 것이 더 좋다. 화면의 스크롤링이나 광고들이 모든 자리를 차지해 버린다면 사용자들은 다른 포털을 찾아서 떠나버릴 것이다. 모바일 검색엔진에서 별도로 검색 기술을 개발하기보다는 사용자들의 모바일 UI 특성에 맞춘 검색 리스팅을 보여 주는 것이 더 효과적으로 사용자들에게 어필하게 될 것을 의미한다.

인터넷 신문 콘텐츠도 절제된 상태로 보여주는 것이 좋다. 현재의 네이버 뉴스 캐스팅 기술이 모바일에 접목되어서 2개에서 3개 정도를 볼 수 있게 해주는 것도 좋을 것이다. 모바일 웹에서는 개인들이 어떤 정보를 원하고 있는지 매치하는 기술이 핵심 경쟁력으로 부각되게 될 것이라는 점도 염두에 두어야 한다.

스마트폰 시대가 되면서 개인의 연락처만 제대로 받으면 한 사람의 온전한 정보가 검색을 통해서 알 수 있게 되었다. 이러한 정보들은 각 회사의 마케팅 담당자들에게는 군침을 흘리게 만들 것이다. 즉 010-9999-****이라는 연락처를 가진 어떤 사람이 사용하는 검색어는 그 한 사람의 취향이자 니즈 바로 그 자체다. 개인 이름을 확인하면 이제 우리는 막대한 양의 개인화 정보를 가질 수 있게 된다. 즉 모바일 시대에서는 광고조차도 퍼스널 애드 시대로 넘어가게 되는 것이다.

퍼스널 애드는 바로 영화 「마이너리티 리포트」에서 주인공이 일본인의 각막을 이식받은 후에 나타나는 현상을 통해 이해할 수 있다. 주인공이 이동하는 공공장소에서 자신에게 맞춘 일본어로 된 광고가 나오는 것과 일맥상통하는 것이다.

모바일에서 시행될 수 있는 퍼스널 애드는 스팸 광고와는 성격이 다르다. 어떤 사람이 평소에 첨단 디지털 기기를 좋아하고 바둑을 좋아하고 여행을 좋아한다면, 그 사람이 검색하려는 모바일 페이지 하단에 해당 광고 내용이 자동적으로 생성될 수 있다. 과거의 전통적인 이메일 광고 방식은 특정 지역에 사는 특정 나이 대 사람에게 성별을 구분해서 메일을 보냈지만 이러한 이메일 광고를 쳐다보는 사람들은 이제 거의 없다.

개인별로 가진 특정 취미와 관심사에 따라 완전히 특화된 퍼스널 애드는 그 반향이 제법 클 것이다. 내가 오늘 운동화를 사려고 검색을 한다면 새로 나온 기능의 나이키 신발이 저렴한 가격에 제안을 해오는 경우가 생길 것이기 때문이다. 현재도 인터넷에서는 이러한 형태의 광고가 나타나고 있다. 하지만 모바일에서는 단순히 여러 아이템을 동시에 소개하는 것이 아니라 최적화된 하나의 아이템이 소개되는 차원의 광고 기술이 접목된다는 사실에 집중해서 봐야 한다.

모바일에서는 각 개인별로 검색 결과를 보여 줄 수 있는 크기가 한계를 지니고 있기 때문에 이러한 개인화 서비스는 매우 중요하게 다가올 것이다. 어차피 모바일 웹을 사용해서 검색을 한다면 엔터테인먼트적인 요소라든지 시급을 다투는 업무일 때가 많을 것이다. 어떤 환경에서 컴퓨터를 사용하지 못하고 모바일을 통해서 인터넷에 접속할 것인지에 대한 상황별 맞춤 대처를 한다면 모바일 시장도 석권해 나갈 수 있다. 즉 모바일 환경에서는 보다 절제된 검색 결과와 절제된 광고를 보여 줘야 한다. 지금까지 해왔던 방식이 아니라 타깃이 명확한 검색 기술과 광고를 집행해야 승산이 있다.

향후 특정 시점에 음성 검색이 지원되면 검색의 기술은 이제 어떤 검색엔진이 보다 음성검색을 더 완전에 가깝게 구현하느냐에 따라 시장이 재편될 가능성이 높다. 모바일에서 음성 검색은 필수불가결하며 이러한 음성 검색은 결국 전체 검색엔진들이 나가야 하는 궁극의 목표가 될 것이다. 음성 검색 기술과 개인화는 결국 미래 검색엔진의 화두가 될 것이 분명해 보인다.

모바일 웹 활성화의 관건

스마트폰은 우리 인류의 미래다. 앞으로 스마트폰을 이용해 물건을 구매하고자 할 경우, 지금까지와는 전혀 다른 형태의 검색을 거치게 될 것이다. 이미지 검색, 음성 검색, 동영상 검색 등 키보드를 거치지 않는 다양한 검색 기능을 사용하게 될 것이다. 제품 번호는 이미지 검색으로 대체될 수도 있다. 이제 스마트폰에 상품을 대고 동영상이나 이미지를 찍으면 최저 가격의 해당 제품을 찾아주는 이미지 매치 기술은 낯설지 않게 되었다.

지금까지의 이미지 검색은 텍스트로 '저금통'이라고 검색하면 해당 저금통을 보여 주거나 이미지의 주인이 이미지를 올릴 때 태그로 달아 온 텍스트를 검색했다. 하지만 앞으로의 이미지 검색은 실제 생활에서의 이미지를 카메라로 찍으면 바로 그 상품이 검색되는 기술로 보다 많은 사람들에게 검색의 진보한 기술을 보여줄 것이다. 이러한 이미지 검색은 증강현실(增强現實 Augmented Reality) 기술과 접목되어서 세상에 선을 보이기 시작했다. 음성으로 검색을 하는 모바일 웹이라면 인터넷보다 더 많은 사용자들을 몰고 다닐 것이 분명하다.

당신이라면 음성으로 편리하게 검색을 해주는 검색엔진과 일일이 키워드를 입력해야 하는 검색엔진 중 어느 곳을 선택하겠는가. 답은 분명 이곳에 있다. 작은 편리함이 승부처가 되는 경우를 우리는 종종 발견한다.

모바일 웹이라고 해서 꼭 모바일 액정 크기에 맞춘다고 단순하게 생각할 필요는 없다. 모바일 웹이라고 해도 필요에 따라서 전체 사이즈를 두 배 혹은 네 배 정도로 키울 수도 있다. 다만 기존 인터넷의 UI 방식이 아닌, 보다 모바일 웹에 적합한 형태와 아이콘으로도 손가락의 크기에 맞게 현실화를 시키는 것이 필요하다. 또한 결제까지의 프로세스를 축약시키는 노력이 필요하다.

모바일 웹에 키보드 사용은 생각보다 쉽지 않다. 별도 키보드를 열고 회원 인증 상태를 유지하기 위해서 아이디와 패스워드를 매번 로그인하는 절차를 거쳐야 한다면 그러한 웹 사이트는 시작에서부터 단추를 잘못 꿰었다고 해도 과언이 아니다. 모바일 웹에서는 회원의 인증 절차를 초기 가입 시 인증한 뒤 될 수 있는 한 편리하게 관리하는 절차가 필요하다.

물론 이렇게 회원 인증을 매번 거치지 않으려면 모바일 웹을 운영하는 관리자는 매우 강력한 보안 시스템을 구축해야 한다. 자칫 잘못하면 모바일 웹이 해커의 온상이 되어 버릴 수도 있기 때문이다. 해당 고객의 정보를 스마트폰에 암호화해서 매칭하는 기술이 필수적으로 필요하게 된다.

모바일 웹에서의 화두는 결국 보안이다. 원천적으로 하드웨어에 덧입혀진 연락처를 소프트웨어에서 인식할 수만 있다면, 보안에 있어서의 원천적인 기술 베이스는 진일보할 수 있을 것이다. 스마트폰의 트렌드인 외부 USIM 칩 같은 것을 인식하는 것도 보안의 첫걸음이 될 수 있다.

아예 오프라인 보안 카드를 지급하는 것도 한 방법이다. 보안 카드와 패스워드라면 크게 문제가 없어 보인다. 지금의 공인인증서와 패스워드 방식과 크게 다르지 않다. 일본의 경우 보안 카드와 패스워드로 충분히 인터넷뱅킹을 대중화해서 사용하고 있으며 사용자 규모도 한국의 6배에서 7배 규모이다.

이러한 하드웨어 분야에 속하는 내부 보안 번호와 완전 매치되는 기술은 절대 외부에 유출되지 않아야 한다. 다만 이러한 경우라도 USIM 칩 자체가 외부 해커의 손에 들어가는 경우는 대책이 없어지게 된다. 하지만 이러한 사례를 방지하기 위해서 별도로 소프트웨어적으로 한 번의 인증을 더 거치게 만들 수 있는 기술도 조만간 선을 보일 수 있을 것이다.

모바일 웹의 활성화는 결국 강력한 보안이 관건이다. 미국 이베이의 경우 매우 강력한 시스템으로 된 카드 결제가 매우 편리하다. 자회사인 페이팔을 통해서 한번 카드를 등록만 해놓으면 언제든지 내가 원하는 시간에 등록된 계좌를 통해서 결제가 가능하다. 모바일 웹에서도 이러한 결제 시스템이 필요하다. 매번 몇 개의 제품을 구매할 때마다 전체 카드 번호를 일일이 손으로 눌러서 승인 절차를 밟게 하는 것은 소비자들을 피곤하게 만든다. 강력한 보안을 기반으로 해서 한 번의 등록을 통해 지속 사용이 가능하게 결제 시스템을 만들면 전체적인 매출을 대폭 견인시키는 역할을 하게 될 것이다.

모바일 웹은 단순히 보여 주는 것에 그치지 않는다. 최근 들어 모바일 웹 활용도는 매우 높아져 가고 있다. 파주에서 명품 매장을 운영하는 명 사장은 자신이 자리를 비웠을 때 자신의 컴퓨터 앞에서 일어나는 일을 체크해 보기 위해서 컴퓨터에 장착된 웹 카메라를 켜두고 컴퓨터를 잠금 상태로 해놓고 외근을 나간다. 퇴근을 하면서 그는 아이폰용 원격 제어 솔루션을 이용해서 웹 카메라를 볼 수 있다.

아이폰이나 안드로이드폰 같은 스마트폰에서 원격으로 자신의 컴퓨터에 접속하는 애플리케이션들은 시중에 많이 나오고 있다. 당연히 컴퓨터에서 할 수 있는 모든 일들이 원격지에서 조종이 가능하다. 심지어 컴퓨터에서만 가능했던 게임도 가능하다. 이처럼 스마트폰을 통한 모바일 웹은 자연스럽게 유무선을 오가는 활용도를 보여 준다.

오늘날 모바일 웹의 활성화는 소셜 네트워크의 확산에 기름을 부었다. 과거 전통적인 패션쇼에는 정치인이나 연예인들이 관객으로 주로 참여를 했었다. 인기 있는 연예인이나 정치인이 나오면 TV와 같은 매스 미디어에서 관심을 보이고 보도가 되면서 인기몰이를 하기 때문이었지만 이제는 상황이 바뀌고 있다.

전통적인 명품 업체들도 이제는 파워 블로거들을 대거 패션쇼 론칭 때 제일 앞자리로 초빙한다. 이들에게 좋은 이미지를 제공하면 이들의 블로그로 접속하는 수십만 명의 사람들에게 전파될 것을 기대하기 때문이다. 과거 인터넷 확산 전 오피니언 리더의 역할은 주로 정치인과 연예인들이 담당했지만 오늘날 이것은 일반 대중들 속에서 파워 블로거들이 가지게 되었다.

모바일 웹은 결국 일반인들의 신분을 격상시킨 결과를 가지고 왔다. 이것은 파워 블로거들의 의견 자체가 그만큼 현재 사회에서 중요한 역할을 하고 있다는 간접적인 증빙이기도 하다.

모바일 웹은 결론적으로 또 하나의 인터넷 채널을 우리에게 가져다주었다. 이 인터넷 채널에는 공간의 개념이 전무하다. 물리적인 측면에서 시간의 개념도 뛰어넘게 만들어 주었다. 이제 더 많은 사람들이 자신들만의 방식으로 온라인에 접속을 한다. 그리고 이러한 인터넷의 확산은 그 인터넷 안에서 생산과 유통, 그리고 판촉을 하는 수많은 업체들에게 경제적인 측면에서 실질적인 도움이 되게 만들고 있다.

인터넷은 보다 가속화되어서 확장되고 있다. 향후 인터넷은 냉장고와 차량은 물론 건물 등 다양한 방식으로 오프라인과 연결될 것이다. 구글의 경우 거리의 지도를 제공하는 서비스에서 벗어나서 이제 가게의 안까지 촬영을 해서 올리고 있다.

모바일 웹을 이용하는 사람들은 실질적으로 오프라인의 실생활에서 도움이 되는 서비스에 바로 접근하기를 원한다. 최근 자신의 위치에서 가장 저렴한 곳을 알려주는 오피넷의 모바일판이 나와서 선풍적인 인기몰이를 하고 있다. 향후 모바일 웹은 이러한 비교 자료는 물론 실제 오프라인에서 한 번에 쉽게 찾아갈 수 있도록 만들어 주는 서비스 등을 통해 많은 반향을 불러오게 될 것이다.

증강현실 기술의 미래

증강현실은 인터넷과 연결된 선글라스를 끼고 무언가를 보면 해당하는 사물에 대한 정보가 실시간으로 나타나는 것을 일컫는다. 흔히들 1968년 이반 서덜랜드가 개발한 헤드마운트 3차원 디스플레이를 시초로 꼽는다.

예를 들어, 어떤 텍스트를 볼 경우에 바로 해당 단어의 뜻이 나타나는가 하면 사람을 볼 때는 입고 있는 옷과 가방에 대한 정보가 실시간으로 나타난다. 길거리를 가면서 빌딩이나 아파트를 보면 그 부동산의 시세를 즉각 알 수 있는 것은 물론, 얼마에 매물로 나와 있으며 몇 층짜리 건물이고 건축연도는 어떻게 되는지 상세히 알려 준다. 낯선 길을 가더라도 증강현실 기술은 우리를 정확히 목적지로 안내할 것이다. 실시간으로 주변 정보를 읽으면서 나갈 수 있기 때문이다.

이러한 증강현실 기술을 현실에 적용하면 힘든 운동도 재미있게 할 수 있다. 달리기를 하면서 주변의 꽃 이름을 자연스럽게 익힐 수도 있고, 어느 유적의 유래와 전설에 대해 배울 수도 있다. 게임을 할 때도 현재처럼 이용자가 화면을 들여다보고 그 속으로 들어가는 것이 아니라 거리로 나갈 수 있다. 여러 명의 게임 이용자가 실제 거리에서 지형지물을 보고 그 정보에 따라 상대방을 찾아내고 추적하는 게임 등이 얼마든지 가능하다.

이러한 과정에서 사람들이 길거리를 다니면서 보는 정보는 인터넷으로 실시간으로 쌓이게 되고, 이것을 기반으로 정보의 축적 및 재분배가 가능해진다. 자신이 보는 모든 사람들에 대한 정보를 제공하는 일명 휴먼뷰가 나올 수도 있다. 입체 장갑을 끼고 쓴 가상의 책을 타인에게 제공할 수도 있고, 그 책을 다시 e-Book으로 만들어 킨들이나 아이리버 같은 전자책 단말기에서 다운로드받아 보게 할 수도 있을 것이다.

증강현실 기술은 특히 전투에 있어서 중요하다. 상대방의 인원이나 장비의 제원을 한 번에 알게 해주고, 지형지물의 높이와 거리를 측정하여 상대의 퇴로를 미리 알려 주기도 하고, 항공사진 모드로 해당 지역의 표고차 및 엄폐물에 대한 선점을 가능하게 할 수 있다. 증강현실 기술을 활용할 경우 상대보다 유리한 방향으로 전투를 이끌어 나가는 것이 가능해지는 것이다.

특히 전국적 수배령이 내린 범죄자를 검거하는 데에 탁월한 효과를 발휘할 수도 있다. 거리를 오가는 사람들을 실시간으로 파악해 범죄자의 신상과 위치 정보 등을 112에 바로 신고가 될 수 있도록 시스템이 갖추어질 수 있다. 증강현실 기술은 향후 우리의 미래를 바꾸어 놓을 강력한 기술인 것이다.

증강현실 기술이 처음 세상에 나온 후 이미 수십 년이 지났다. 당시에는 거의 실현 불가능한 기술로 치부되었지만 오늘날에는 누가 첫 테이프를 끊을지 귀추가 주목될 뿐 아무도 이 기술의 실용화를 부인하지 못한다. 기술은 마치 우리 뇌의 시냅스와 같다. 하나의 기술이 트렌드를 만들어내고 그 트렌드는 다시 기술을 엮어내어 마치 두 가닥의 끈이 꼬여 탄탄한 밧줄로 재탄생되듯이 문명을 보다 업그레이드시켜 나가고 있다.

아이폰이 출시된 이후 이미 아이폰 애플리케이션 중에 이러한 증강현실 기술이 접목된 것들이 나오기 시작했다. 아이폰의 카메라를 거리에 비추면 해당 거리에서 가장 가까운 커피숍을 찾아주는 '아이니즈커피', 가장 가까운 역을 찾아주는 '어디야' 등이 그 사례에 속한다. 증강현실 기술이 보다 구체화되면 오프라인 도서관에서 자신이 원하는 책을 한 번에 찾게도 해주고, 책을 비추면 해당 책의 출판일과 본문 내용도 미리 볼 수 있게 된다.

이러한 미래를 생각해 보면 향후 다채로운 생활 속 게임도 가능해질 것이다. 지금까지처럼 내가 아바타를 사용하는 것이 아니라, 실제 사용자 자신이 게임의 주체가 되어서 특정 사물을 가장 먼저 찾아서 장갑으로 터치를 하거나 안경에 비추어 아이템을 얻고 포인트를 얻는 식의 게임이 가능해진다는 의미이다. 게임의 방식은 개발자들이 시나리오를 어떻게 구상하느냐에 따라서 달라질 것이다.

또한 타인에게는 보이지 않지만 내게만 보이는 전자 비서를 데리고 다닐 수도 있다. 이 전자 비서는 로봇의 역할이지만 사람으로 대체도 가능하다. 나도 특정인의 생활 패턴을 따라다닐 수 있고, 특정한 어떤 사람이 나처럼 살아보는 것도 가능해진다. 증강현실 자체가 중첩되어지는 것이다.

또 하나의 트렌드는 소셜 네트워크를 활용한 게임이다. 이미 인터넷에서 이러한 게임 시장이 상업성이 있다는 사실이 검증되었다. 소셜 게임이란 용어가 낯설게 여겨질 법도 하지만, 업계에선 이미 화제가 된 지 오래다. 미국 징가(Zynga) 사가 개발하여 페이스북에서 팜빌(Farmville)이란 이름으로 서비스하는 이 게임은 자신이 선택한 아바타를 이용해 작물을 기르고 수확해 되파는 게임이다. 소셜 네트워크상의 친구를 게임에 초대해 아이템을 지급해 주거나 친구와 함께 밭을 가는 등 자신의 기존 소셜 네트워크를 게임에 활용한다. 이 게임은 월간 실질 이용자가 8000만 명이 넘을 정도로 폭발적인 인기를 끌고 있다.

유료 아이템 판매 등을 통한 수익성 전망도 밝은 편이다. 팜빌의 경우 아이템을 현금 구매하는 이용자는 전체의 8~12% 정도에 불과하지만, 워낙 이용자 수가 많다 보니 수익이 크다. 징가 사의 지난해 수익은 2억 1000만 달러(한화 약 2500억 원)로 추산된다. 이러한 소셜 네트워크 게임은 점차 모바일 기기 등을 통해 더욱 발전해 나갈 것이 분명해 보인다.

모바일 인터넷과 트위터

전 세계에는 2010년 현재 약 17억 대의 컴퓨터가 있다. 어마어마한 숫자다. 하지만 휴대전화는 약 45억 대가 보급되어 있다. 이러한 휴대전화가 모바일 인터넷의 매개체가 되고 있다. 수많은 사람들이 이제 휴대전화로 사진을 찍고 이메일을 보내고 타인들과 대화를 한다. 게다가 최근 출시된 스마트폰은 더욱 강력한 힘으로 전 세계를 강타하기 시작했다.

　모 회사의 박 과장은 일산에서 구로디지털단지까지 1시간 20분 남짓한 시간을 대중교통을 이용해 출근한다. 과거에 그 시간은 그냥 멍하니 버리는 것이거나 졸다가 깨기를 반복하는 지겨운 것이었다. 하지만 이제 상황이 바뀌었다. 그는 회사에서 요구하는 영어 실력을 갖추기 위한 필수 시간으로 활용을 하고 있다.

　스마트폰 하나면 영어 공부에 필요한 준비는 모두 끝이다. 아침에는 굿모닝팝스를 들으면서 걷고 자리가 나서 앉으면 바로 모바일 인터넷에 접속해 자신이 저장해 놓은 토익 공부용 영화를 튼다. 자막도 영어다. 잘 들리는 영화는 자막을 보지 않고 듣는다. 과거에는 영화를 다운로드받은 뒤 인코딩을 별도로 해야 했지만 이제 더 이상 그럴 필요가 없다.

스마트폰의 활용은 여기서 그치지 않는다. 1시간 정도 공부를 마치고 나면 회사 이메일에 접속해서 자신에게 온 급한 메일은 없는지 미리 챙겨서 본다.

E비즈 팀의 윤 모 팀장이 보낸 견적 요청서가 들어와 있는 것을 확인한 박 과장은 미리 해당 거래처와 메신저를 한다. 거래처의 담당자도 출근 중이었지만 평소 절친한 관계를 자랑해 온 두 사람은 수시로 업무 관련 내용을 주고받는다.

아침 붐비는 시간의 전화 통화는 주위 사람들에게 피해를 줄 수도 있기 때문에 박 과장은 메시지에 접속한 거래처 직원을 확인하고 바로 견적 요청을 한다. 메일을 보내 놓고 출근해서 차를 한 잔 마시고 있다 보면 바로 거래처에서 견적을 보냈다는 답변을 받는다. 다른 사람들보다 훨씬 빠른 피드백이다.

스마트폰은 별도 외부 인터넷이 연결되지 않는 곳에서 3G 또는 4G 차세대 전화망을 통해서 인터넷을 접속하게 하는 인터넷 모뎀의 역할을 훌륭히 수행하고 있다. 일명 스마트폰의 테더링 기능이 가능해진다.

Tethering : 인터넷 접속이 가능한 기기를 이용하여 다른 기기에도 인터넷에 접속할 수 있게 해주는 기술이다. 블루투스 무선 기술이나 USB 케이블 등으로 두 기기를 연결하여 사용할 수 있으며, 이때 인터넷 접속이 가능한 기기가 다른 기기의 모뎀 역할을 하게 된다.

과거에도 무선 인터넷과 테더링은 가능했지만 전화를 통해서 무선 인터넷을 사용할 때는 몇 분만 이용해도 몇천 원이 과금되는 터무니없는 형태여서 실질적으로 이용하는 사용자들은 거의 없었다. 하지만 아이폰을 필두로 무선 인터넷 과금 체계에도 변화가 생기는 바람에 드디어 한국에서도 철옹성이었던 무선 인터넷망이 일순간에 열렸다.

이러한 무선 인터넷은 많은 변화를 가능하게 했다. 국토해양부는 2010년 설 연휴에 실시간 교통 정보를 트위터를 활용해서 이용자들에게 전송했고 국민들에게 좋은 호응을 얻었다. 무선 인터넷은 모바일성이 매우 강하다. 그래서 일명 모바일 인터넷이라고 한층 업그레이드 된 용어를 사용해서 쓰기도 한다.

모바일 인터넷 혁명은 이제부터가 시작이다. 지방에 창고를 가지고 있던 물류회사의 경우 과거에는 재고 파악을 위해 컴퓨터 앞에 최소 하루에 한 번 이상은 앉아야 했지만 모바일 인터넷이 가능한 지금은 그렇지 않다. 각 물건에 붙어 있는 RFID(Radio-Frequency IDentification)를 통해서 중앙 컴퓨터가 집계한 데이터웨어하우징(Data Warehousing)에 언제 어디서든지 접속해서 재고 파악이 가능하다. 재고가 없으면 확인했던 스마트폰 트위터를 사용해서 직원들에게 상황을 쓰기만 하면 업무는 끝이다.

최근 멕시코시티에서는 트위터로 음주운전 단속 정보를 공유했던 사람들에게 대대적인 정부 차원의 단속 의지를 내비치기도 했다. 트위터의 실시간 메시징 기능은 그만큼 편리하고 강력하다.

최근 해외 웹 사이트를 보면 적극적으로 자신의 트위터와 페이스북을 알리는 경우가 많이 생기고 있다. 해외 쇼핑몰에서 보이는 t는 twitter 의 약자를 의미하고 f는 facebook의 약자를 의미한다. 이용자들은 쇼핑 몰과의 커뮤니케이션 채널이 존재한다는 사실에 만족감을 보인다. 이러 한 소비자들의 수요가 존재하기 때문에 쇼핑몰 운영자는 적극적으로 링 크 주소를 알리고 있는 것이다.

해외 명품 업체들도 이러한 SNS 서비스의 중요성을 깨닫고 적극적으 로 대처해 나가고 있다. 버버리 웹 사이트의 경우 트렌치코트를 멋지게 차려입은 일반인들의 이미지를 클릭하면 전 세계 사람들이 올려놓은 다 양한 평가를 볼 수 있다. 이와 관련하여 버버리 측은 소비자층이 한결 젊 어지고 브랜드 로열티도 매우 높아졌다고 밝히면서 이러한 소셜 네트워 크 서비스에 대해서 만족감을 드러낸다.

모바일 인터넷이 붐을 일으키면서 벌써부터 트위터로 하루에 1천만 원씩 버는 기적 같은 일들이 현재 벌어지고 있다. 대표적인 스타는 할리 우드 배우인 킴 카다시안과 팝스타 솔자보이다. 트위터에서 이들은 약 200만 명의 팔로어를 확보하고 있으며 한번 트위팅을 할 때마다 약 1만 달러(환화 약 1,100만 원)의 수익을 올리고 있다.

그래도 광고를 하는 입장에서는 전화로 문자를 보내는 경우로 계산 해 보면 한 통당 5.5원밖에 들지 않은 셈이다. 메일로 광고를 보내면 사 람들이 매우 귀찮게 여겨서 오픈조차 하지 않는다. 그렇지만 트위터의 경우 대다수의 사용자들이 컴퓨터 또는 스마트폰에서 받게 되고 또한 상품에 대한 피드백이 매우 빠르기 때문에 그렇게 비싼 금액은 아니라 고 볼 수 있다.

이러한 트위터를 활용한 마케팅은 연예인에게 특정 브랜드의 옷이나 운동화를 착용케 하고 찍은 사진 등의 형태로 올라오기도 한다. 모바일 인터넷과 트위터를 이용한 새로운 광고 매체가 생겨나고 있는 셈이다.

3D 디지털 시대의 공연 문화

필자의 아내는 뮤지컬 「오페라의 유령」을 정말로 좋아한다. 벌써 3번이나 직접 공연장을 찾아가서 보았다. 10년 전에 그 뮤지컬이 처음 한국에 들어왔을 때 친한 지인과 두 번을 보았고, 최근에는 롯데월드 전용관에서 하는 것을 가족들이 다 같이 가서 보았다. 공연은 매우 훌륭했다. 뮤지컬 배우들은 목청껏 화음에 어우러진 멋진 대사들을 뱉어낸다.

하지만 비용은 상상을 초월한다. 4인 가족이 VIP석으로 보려고 하면 약 44만 원의 비용이 들어간다. 웬만한 서민 월급의 4분의 1이나 되는 금액이다. 그런데 필자가 이 뮤지컬을 보아야겠다고 마음을 먹고 예매를 하려고 했을 때는 너무 늦은 때였다. 대부분의 좌석이 매진되었고, 누가 취소를 했는지 VIP석만이 남아 있었다. 울며 겨자 먹기로 예매를 했다. 이제 한국에서 막을 내리면 다시 몇 년을 기다려야 한국 공연을 재개할지 알 수 없었기 때문이다.

하지만 3D 영상 디지털 기술이 활성화되면 대형 영화관에서 이러한 공연을 자주 접할 수 있게 될 것이다. 그러면 대중에게 고급 뮤지컬이 일시에 확산되는 효과를 가지고 올 것이 분명하다. 대중들은 3D를 통해 눈앞에서 공연이 벌어지는 듯한 느낌을 가질 수 있고, 티켓 가격도 지금의 십분의 일이나 이십분의 일까지 떨어질 수도 있다.

2010년 서울 삼성동 코엑스의 메가박스 서태지M관이란 영화관에서는 실험적인 영화가 상영되었다. 영화라기보다는 기존 MBC TV에서 상영되었던 서태지의 공연을 리바이벌해서 다시 상영한 것이다. 과연 사람들이 얼마나 찾게 될 것인지 기획 단계에서 고민을 많이 했지만 결과는 성공적이었다. 3D 기술을 입힌 영화도 아닌데 수많은 사람들이 줄지어서 과거 서태지의 공연을 보러 온 것이다. 물론 관객의 대다수는 서태지의 기존 팬 계층이었을 가능성이 매우 높다. 하지만 이미 상영되었던 영상을 다시 영화관에서 보여 준 것에 불과했는데도 불구하고 많은 사람들이 몰렸다는 사실은 놀라움을 금치 못하게 한다.

이 사실은, 만약 이러한 서태지의 공연 영상을 3D를 통해 바로 눈앞에서 보이는 것처럼 만들었을 때 파괴력이 얼마나 대단할지 상상이 가능하게 만든다. 성공 시나리오가 백번 그려지고도 남는 대목이 아닐 수 없다.

향후 전통적인 뮤지컬 시장 역시 새로운 국면을 맞이하게 될 것이다. 지금까지 「오페라의 유령」이나 「맘마미아」 「캣츠」와 같이 세계적으로 유명하고 인기 절정에 달해 있는 뮤지컬들은 매회 공연마다 최적의 배우와 제작진을 투입해 전 세계를 돌고 돌아도 몇몇 국가밖에 커버할 수가 없었다. 그래서 라이센스를 통해 특정 국가의 경우 해당 국가의 배우들을 캐스팅하고 번안하고 재편집해 무대에 올려왔다. 하지만 이러한 과정에서 관람객들은 원작보다는 약간 떨어진 감동을 감수하면서 해당 공연을 볼 수밖에 없었다.

하지만 3D, 4D가 널리 퍼져 나가면서 이제 우리는 새로운 공연 문화를 수혈 받을 수 있게 되었다. 서태지의 공연이 영화관을 통해 재상영되면서 인기를 끄는 것처럼 문화에 대한 대중들의 욕구는 늘 존재하고 있다. 이제 브로드웨이 공연을 우리는 3D 영상이나 4D 영상으로 접할 수 있게 될 것이다. 이것은 바로 앞에서 공연을 보는 듯한 착각 속에 우리를 빠뜨릴 것이 분명하다.

경우에 따라서는 본 공연보다 3D로 편집된 공연이 더 인기를 끌 수도 있다. 인간의 감각을 통제하고 마비시키는 핵심 디지털 기술이 접목되었을 경우에 그러하다. 만일 당신이 지금 뉴욕에서 하고 있는 공연을 원어의 감동과 조명 그대로 3D로 감상하게 된다고 가정하자. 당신의 눈 앞에서는 배우가 당신만을 위해서 노래를 불러주는 듯한 착각을 불러일으키고 있다. 그렇다면 당신은 곧바로 3D 뮤지컬의 열혈 팬이 될지도 모른다.

국제전자제품박람회인 CES 2010에서 삼성, LG, 소니, 파나소닉을 비롯한 세계적인 가전 업체들이 3D TV를 출품하였다. LCD, LED에서 촉발된 화질 경쟁이 이제는 보다 실감나는 3D로 옮겨 간 것이다. 3D TV는 영화는 물론이고 게임이나 TV 방송 콘텐츠 등 관련 산업에 엄청난 파장을 불러일으킬 것으로 예상된다. 보는 TV에서 느끼는 TV가 시작되는 것이다.

과거 2D로 제작을 해야 했던 것은 3D에 비해서 가격이 매우 저렴했기 때문이다. 하지만 최근 디지털 기술의 발달로 이러한 가격 차이는 점점 낮아져서 이제는 3D 시장이 완전히 열릴 것으로 기대되고 있다. 물론 여타의 시장들처럼 현재는 하드웨어적인 불완전성과 소프트웨어적인 콘텐츠의 부재가 문제이다. 아직까지는 3D 디지털 TV를 밝게만 보기엔 갈 길이 멀게 느껴진다.

현재로서는 안경을 써야 3D 화면을 완벽하고 생생하게 볼 수 있기 때문에 과연 가정에서 얼마나 많은 시청자들이 안경을 쓰고 하루 종일 TV를 보게 될지도 풀어나가야 할 숙제다. 또한 초기 소비자들은 자신들이 모르모트 같은 희생양이 되기를 원치 않기 때문에 2D 화면을 지속해서 보면서 3D TV로의 교체 수요를 억누르고 있을 수도 있다. 그것에 대비해 하드웨어 업체들에서는 3D와 2D TV를 모두 지원하는 방식이 중간 단계로 나올 수 있다.

3D TV의 파괴력은 어디에 있을까. 그것은 바로 콘텐츠다. 기존 전통적인 인터넷이 모바일을 통해서 확장의 가속도를 붙여 나갔듯이 3D 디지털 기술은 기존 오프라인에서 구현되었던 다양한 공연이나 다큐멘터리 시장을 더 확산시키는 결과를 가지고 올 것이다.

모바일 인터넷 시대의 마케팅

버스를 타러 길을 건너면서 필자는 1000번 버스가 도착할 시간을 모바일로 본다. 아직 10분의 여유 시간이 있다. 근처 편의점에서 캔 커피 하나를 사들고 나와 버스가 언제 올지 궁금해 하지도 않고 편안하게 길을 건넌다.

아침에 결재할 것이 있으면 버스 안에서 회사의 인트라넷에 들어가서 결재 버튼을 누르면 된다. 약속 시간에 30분이나 일찍 도착할 경우 과거처럼 전전긍긍 뭘 해야 하는지 하는 고민 없이 아이폰을 꺼내든다. 필자가 즐겨하는 아이몹스터 전략 시뮬레이션 게임은 46레벨까지 올라와 있다.

메모지가 없으면 메모장 애플리케이션을 열어서 쓰면 그만이다. 음악을 듣는 것은 기본이고 가끔은 저장해 놓은 영화를 보기도 한다. 라디오를 듣고 싶을 때는 클릭 한 번으로 라디오 애플리케이션이 가동된다. 음악을 들으면서도 여타 애플리케이션은 기본으로 작동된다. 스카이프를 활용해서 친구에게 전화 통화도 무료로 한다. 영어 단어를 암기하기도 하고 영어회화 자료를 다운로드받아서 공부하기도 한다. 필자는 아이폰 안에 영어사전을 넣어두어 언제든지 해외에서도 필요한 자료를 보면서 함께 확인할 수 있어서 매우 편리함을 느끼고 있다.

필자는 수년 간 프랭클린 다이어리를 사용해 왔다. 하지만 아이폰을 쓰면서 이제 더 이상 프랭클린 다이어리를 쓰지 않는다. 인터넷과 핸드폰을 사용해서 언제든지 일정을 관리하고 약속 시간 관리가 가능해졌기 때문이다.

SAISUKE라는 애플리케이션을 활용해 구글 캘린더와 연동시켜서 아이폰으로 일정 관리도 하고 있다. 설정에 들어가서 오토 로그인과 싱크가 자동으로 이루어지게 설정만 해놓으면 나머지는 일사천리로 편리하게 진행된다.

아이폰을 쓰면서 명함 관리기도 멀리 던져 버렸다. 필자는 20만 원이 넘는 금액을 지불하고 1천 장이 넘는 명함을 스캔받아서 사용하고 있었지만 이제는 그냥 필요한 명함을 아이폰으로 사진 찍는다. 그러면 명함이 문자로 바뀌고 확인 버튼을 누르면 필자의 주소록에 자동으로 들어간다. 회사와 개인 휴대폰 심지어 이메일 주소까지 저장을 해주니 정말 편리하다.

동영상 중에서 별도로 관리가 필요한 것은 패스워드를 넣어야 볼 수 있는 애플리케이션 비밀금고를 활용해서 사용하고 있다. FRING을 활용해서 MSN도 사용한다. FRING을 활용하면 스카이프와 MSN, 그리고 구글토크에서 트위터와 야후까지 다양한 메신저 활용이 가능하다. 급하게 MSN으로 거래처와 이야기를 하다가 미처 다 못 마치고 사무실을 나올 때 매우 유용하다.

내가 먼저 상대방에게 말을 걸어 이야기할 수도 있다. FRING은 먼저 다운로드받으면 신규 계정을 만들게 된다. 그리고 자신의 기존 트위터나 MSN의 아이디와 패스워드를 연동해서 사용이 가능하다. 아이튠즈는 아이폰이라는 기관총에 넣는 총알과도 같다. 총알은 무한 공급이 가능할 정도로 많이 널려 있다.

스티브 잡스의 전략은 크고 방대했으며 그 전략은 정확히 성공했다. 처음 스티브 잡스가 예상한 전 세계 점유율은 1%였지만 2009년 하반기에 벌써 2.5%의 점유율을 차지하게 되었다. 전 세계 휴대전화 시장에서 2.5% 점유율은 결코 낮은 수치가 아니다. 더욱이 스마트폰 시장에서는 당당히 3위로 랭크가 되어 있다. 스마트폰은 약 4천만 대 판매로 전 세계 스마트폰 시장의 17%를 넘어섰다. 이러한 증가세로 볼 때 향후 스마트폰의 점유율이 30%를 넘어설 것으로 예상이 되고 있다.

이러한 매출의 상승세보다 더 눈부신 것은 애플의 수익률이다. 무려 40%로 눈부시다. 일본에서는 아이폰 소프트뱅크와 애플 사 간의 판매 대수 비밀 협약에 따라 공식적으로 밝히지는 않고 있지만 2009년 하반기 현재 약 100만대 판매로 추산되고 있다.

한국에서는 일본보다 더 폭발적인 양상을 보이고 있다. 한국의 스마트한 유저들은 아이폰의 가치를 제대로 보기 시작했다. 아이폰이 물꼬를 튼 관계로 제대로 된 스마트폰의 시대가 오고 있는 것이다. 아이폰이 도입 된 이후 사람들은 길거리에서 검색을 하기 시작했다. 아이폰의 인기에 덩달아 기존 스마트폰의 활용도도 높아지고 있다. 사람들이 이제서야 모바일 인터넷을 제대로 활용하기 시작한 것이다.

모바일 인터넷 환경은 클라우드 컴퓨팅 시대를 함께 몰고 올 예정이다. 안드로이드폰이 본격적으로 한국에서 자리를 잡으면 전천후 인터넷 시대가 열리게 된다.

스마트폰은 기본적으로 자체 하드 용량이나 메모리 용량이 크지는 않다. 따라서 구글 앱스처럼 컴퓨터와 모바일 폰을 자유롭게 오가면서 이메일, 문서 작업, 일정 관리를 언제 어디서든지 한 번에 서비스를 받을 수 있는 환경으로 나가고 있다.

다음(DAUM)의 경우도 1년 전부터 모바일 쪽으로 지속해서 개발을 추진해 오고 있으며 최근 한메일의 경우 사용자 인터페이스를 매우 강화한 애플리케이션을 올려서 사용자들에게 좋은 반응을 얻고 있다. 네이버의 경우도 2009년 말 모바일 센터를 설립하고 120명의 인력을 확보해서 모바일 검색 시장에 대해 야심찬 출사표를 던졌다. 2010년 4G 기반의 무선 인터넷이 가시화되면 이러한 각 포털의 움직임도 바빠질 것으로 예상된다.

지금 현재는 누가 한국 시장을 잡을 수 있을지 예측이 불가능하다. 하지만 모바일에서는 구글이 가장 유리한 고지를 선점하고 있는 것이 사실이다. 그만큼 구글은 글로벌 시장에서 이미 모바일 인터넷에 많은 투자를 해왔다. 하지만 상대적 열세인 네이버와 다음, 그리고 네이트의 약진도 무시할 수는 없을 것이다.

전통적으로 한국인들은 신제품에 민감하고 불편한 부분에 있어서의 피드백도 빠른 편이다. 이렇듯 까다로운 한국인들의 눈높이에 얼마만큼 잘 서비스할 수 있는지가 관건이다.

구글은 2010년 상반기에 구글폰으로 승부를 하려고 하고 있고 애플은 아이폰을 통해서 서비스를 하고 있다. 토종 포털들은 어떻게 접근할 것인지 전략을 잘 짜야 할 것이다. 특히 구글에서 안드로이드폰을 생산한다면 검색을 한꺼번에 가지고 가는 모양새가 될 개연성이 매우 높다. 메인에서 현재의 구글 음성 인식 검색 기술을 접목한 서비스가 나온다면 사용자들에게 뿌리치기 힘든 메뉴가 될 것은 분명해 보인다.

최근 구글에서 아이폰의 앱 스토어에 구글 애플리케이션을 승인 요청해 놓았지만 등록을 한 번에 시켜 주지 않는 일이 발생했다. 애플은 이미 구글을 잠재적이면서도 가장 위협적인 경쟁자로 인식을 하고 있는 것이다.

새로운 모바일의 강자는 어쩌면 검색과는 전혀 다른 서비스가 될 수도 있다. 네트워크 게임이나 미팅 서비스 등이 1위 모바일 소셜 네트워크 서비스로 등극할 수도 있는 것이다.

모바일 인터넷은 2010년이 원년이며 블루칩 시장이다. 2013년이면 모바일 인터넷 사용 인구가 전 세계적으로 10억 명을 넘어설 것이라는 전망도 등장했다. 일본의 경우 모바일 상거래 시장은 이미 7조 원을 넘어섰다.

모바일을 통해 우리는 새로운 미래 사회로 넘어가고 있다. 하지만 지

03 모바일 인터넷 시대의 패러다임

금은 과도기이다. 현재의 모바일 인터넷은 우리가 도착할 목표점에 오르기 위해서 올라서야 할 몇 개의 계단일 뿐이다. 그 계단을 올라서면, 준비하고 연구하는 사람에게는 무한한 가능성이 드러날 것이다.

디지털 마케팅의 미래

모바일 인터넷은 이제 우리의 생활을 바꾸고 있다. 모바일은 컴퓨터보다 개인화되어 있다. 누구이 강조하지만 모바일은 GPS와 연계되어 있어서 기업들이나 상점들은 많은 할인 쿠폰을 날릴 수 있을 것이라 군침을 흘릴 것이다. 하지만 스마트폰에 마케팅을 집행하기란 그렇게 녹녹하지 못하다. 너도나도 마케팅을 하려고 하면 사람들은 이내 싫증을 느끼게 될 것이고 자신에게 별 필요 없는 쿠폰도 스팸으로 여기게 될 것이다.

우리가 상대하는 고객들이 결국 사람이란 사실을 잊어서는 안 된다. 그들에게 회사의 제품을 알리고 싶다면 그만큼의 반대급부적인 무엇인가를 내놓아야 한다. 그것은 이제 단순한 쿠폰의 형태를 넘어서야 할 것이다. 업종별로 어떤 것이 고객들에게 흥미를 줄 수 있을지 고민이 필요한 시점이다.

모바일 마케팅을 하면서 절대 모바일이란 기계를 상대한다고 생각해 서는 안 된다. 목표는 고객을 움직이는 것이다. 사람들은 스마트폰을 사서 자신이 좋아하는 배경화면으로 바꾸고 벨소리를 다운로드받고 전화 연결음조차 자신의 성격과 어울리는 것으로 선택하고 있다. 모바일 마케팅은 지금까지의 마케팅과는 달라야 한다.

2010년에 접어들면서 기업들은 바이럴 마케팅에 신경을 많이 쓰고 있다. 바이럴 마케팅을 중요하게 생각하는 이유는 고객의 평판을 좋게 받고 싶다는 기업의 의지 때문이다. 일방적인 광고만으로는 사람들의 감성을 움직일 수 없다는 사실을 깨달은 것이다.

바이럴 마케팅에 가장 적합한 기기 역시 모바일이다. 모바일 기기는 특수한 경우를 제외하고는 자신 이외의 사람이 이용하지 않는다. 가장 개인화된 디지털 공간인 셈이다. 이러한 개인 공간에 특정 문자나 메시지가 날아오면 거의 읽을 수밖에 없다.

모바일을 통한 바이럴 마케팅의 니즈를 잘 파악해서 대박을 터트린 곳이 있다. 바로 네이트의 기프티콘이다. 기프티콘이란 핸드폰이나 메신저를 통해 소액의 과자와 커피 등을 선물할 수 있는 서비스다. 처음에는 던킨도너츠에 가서 바꿔 먹을 수 있는 소액 상품권을 취급하는 정도로 출발을 했다. 하지만 시장에 정착이 되는 과정에서 기업들은 대량의 상품을 선물하는 마케팅 창구로 매우 훌륭하다는 사실을 인지하기 시작한 것이다.

예전에는 특정한 경품을 보내려면 여러 가지를 체크해야 했다. 먼저 고객의 주소를 알아야 하고 그 주소지로 물건을 보내는 과정에서 경품이 파손되지 않도록 세심한 주의를 기울여야 했다. 그리고 배송료는 거의 추가적인 부담으로 다가왔다. 고객의 주소가 제주도라고 해서 누락시킬 수는 없기 때문에 제주도의 경우 항공 운임을 별도 부담해야 하는 이중의 부담을 져야 했다.

하지만 기프티콘은 그런 위험 부담이 전혀 없다. 자사의 행사에 응모하는 사람들을 집계하기도 간편하고 고객의 생일이나 결혼기념일 등 각종 기념일에 다양한 선물을 보낼 수 있게 된 것이다. 또한 기업이 신제품을 출시하고자 할 때 고객의 반응을 일대일로 정확하게 피드백을 받아볼 수 있다. 경품을 100% 지급하는데 엉터리로 답변을 보내는 고객의 수는 많지 않다.

보통 길거리에서 지나가는 사람들에게 서베이를 하는 방식은 소비자 조사에서 많은 오류를 낳는 요인 중 하나였다. 시간은 없는데 억지로 해야 하니 대충 읽고 마구잡이로 작성하고 나가 버리는 것이다. 기프티콘은 그런 위험 부담도 충분히 감소시킬 수 있다.

기프티콘이 갖는 마케팅의 장점은 무엇보다도 비용의 효율성이다. 기프티콘은 고객의 동네 근처 편의점이나 대형 프랜차이즈 가게 등에서 취급하는 물건들이다. 기존 유통망을 통해 고객이 직접 상품 수령하는 것이 가능하다. 따라서 저가 상품을 배송료 없이 고객에게 지급하는 것이 가능해진다. 기업이 다수의 고객에게 저가의 경품을 지급할 때 많은 경품 수량으로 인해 배보다 배꼽이 더 큰 배송료 부담을 지는 문제를 이제는 겪지 않게 되었다.

유럽의 한 광고 회사에서 조사한 자료에 의하면 사람들은 스팸 광고는 받고 싶어 하지 않는다. 다만 자신의 취향과 취미 등이 고려된 할인 쿠폰, 역동적이고 재미있는 광고에 대해서는 매우 우호적이라는 것이다.

유럽의 대표적인 모바일 마케팅 회사인 12스냅에 의하면, 모바일 마케팅이 전통적인 마케팅에 비해서 15배 이상의 고객 응답률을 보이고 있다고 한다. 맥도날드의 신상품 출시 론칭 홍보 의뢰를 받은 뒤 10주에 걸쳐 22만 명의 잠재 고객에게 SMS와 MMS를 통해서 인터랙티브한 메시지를 전달한 결과 무려 7만 명이 넘는 사람들이 응답을 해왔다는 것이다. 물론 이러한 마케팅을 통해 맥도날드의 브랜드 인지도와 매출 향상에도 크게 기여했다.

하지만 모바일 마케팅이 더욱 넓어지기 위해서는 비용이 더 낮아져야 한다. 현재 인터넷에서 주로 쓰이는 CPM 개념에서 살펴보자. 이것은 1천 명에게 노출되는 광고단가를 의미하는데, 이메일 한 통 발송 시 보통 20원에서 30원의 비용이 지불되는 것에 비해 모바일의 경우 2만 원에서 3만 원 사이의 비용이 청구된다. 대기업 입장에서 보면 TV 매체보다 비싼 것이다. 참고로 TV는 CPM을 평균 4천원으로 계산한다. 현재 인터넷 광고가 인기 있는 이유는 가장 CPM 비용이 저렴하기 때문이다. 실제 인터넷에서 노출되는 배너 광고의 경우 CPM은 1천원으로 가장 저렴하다.

그런데 이러한 약점을 보완해 나갈 수 있는 모바일 마케팅이 가능해지고 있다. 스마트폰은 이러한 틈새를 파고드는 계기가 될 것이다. 와이파이 지역에서 무선망을 타고 가면 비용이 더욱 낮아지는 효과를 누릴 수도 있다.

하지만 지금 이메일 마케팅이 스팸 광고로 인식되어 마케팅 툴로 사용할 수 없을 정도로 만신창이가 되어버린 것처럼 무차별적인 쓰레기 광고가 되지 않게 만들어야 할 것이다. 디지털 마케팅의 미래는 소비자들에게 가치 있는 정보를 가치 있게 전달하는 통합마케팅으로 접근해야 한다. 그건 인터랙티브 마케팅의 시작점이기도 하다.

결국 디지털 마케팅의 미래는 모바일과 웹이 결합된 형태로 나갈 수밖에 없다. 하나의 캠페인을 단위로 해서 페이스북과 트위터, 그리고 심지어 오프라인 이벤트까지 하나의 목표점을 위해서 구사하고 이를 인터랙티브하게 지향하면 될 것이다. 하지만 상세히 살펴보면 결국 이 모든 것은 고객의 목소리를 잘 듣겠다는 것이다.

모바일 웹(WAP)과 풀브라우징

오늘날 스포츠는 국가의 이미지를 말해 준다. 올림픽은 특히 전 세계인들이 지켜보는 가운데 국가 간 총과 칼이 아닌 스포츠 정신을 내세운 대리전쟁이다. 국가 간 순위가 만들어지고 세계 속에서 국가의 이미지를 알리는 역할을 한다. 동계올림픽에서 이승훈 선수가 1만 미터 금메달을 목에 걸었다. 가장 유력한 상대 스벤 크라머 선수가 4초 빨리 들어왔지만 인코스를 두 번이나 돌아 실격 처리됐기 때문이다. 스포츠에서 이러한 치명적인 실수는 종종 있는 일이다.

맨체스터 유나이티드의 박지성 선수가 한 골을 넣으면 우리나라는 기쁨의 세레모니가 이어진다. 넣는 선수에게는 기쁨이고 자부심이지만 박지성 선수에게 돌파를 당한 상대 선수는 실수가 된다. 골을 먹는 일은 수비진의 어설픈 실수에서 종종 일어나고 이러한 실수는 결국 승패로 판가름이 난다.

하지만 비즈니스 세계에서 이러한 실수는 치명적인 결과를 낳는다. 전략의 실수, 판단의 실수, 개발상의 착오 등등 우리가 눈으로 보지 못하는 실수는 자주 일어난다. WAP이 대표적인 사례이다. 과연 스마트폰이 나오고 있는 시점에서 계속해서 WAP을 지원해야 할지, 아니면 새롭게 진출해야 할지에 대한 고민이 마케터들 사이에 많다.

Wireless Application Protocol : 휴대 전화 기 능을 인터넷과 연결하는 기술

모바일 웹이 활성화 되면서 모바일 사이트에 대한 관심도 높아지고 있다. 모바일 웹의 경우 한국보다는 상대적으로 무선 인터넷망이 일찍 개방된 미국을 비롯한 선진국들이 보다 활발한 이용을 보이고 있다. 모바일 사이트를 통해서 전자상거래 비중은 점차 높아지고 있고 이미 이베이나 아마존 등은 자사의 무선 모바일용 쇼핑 사이트를 만들어서 히트를 치고 있다.

무선 인터넷 시장에 관한 한 우리의 판단은 실패했다. 늦었지만 그것을 인정하고 새롭게 시장을 개척해 나가면 된다.

디지털 마케팅 전문 조사 기관인 인사이트익스프레스가 2009년 하반기 무선 인터넷을 이용한 모바일 사이트를 재방문하는 이유를 약 1,200명의 사용자들에게 질문한 결과를 살펴보면, 사이트의 디자인이 매우 중요한 요소에 들어간다고 응답자의 대다수가 답을 하였다. 복잡한 모바일 사이트는 회피하는 것으로 나타난 것이다. 업무 환경에 있어서 스마트폰을 활용한 사람들의 68%는 모바일 인터넷을 사용해서 업무에 활용하는 데 대해 매우 만족한다고 답했다. 스마트폰을 이용해서 방문하

는 주요 사이트들은 일단 로딩 속도가 빨라야 하고, 사이트 내에서 내비게이션이 편리하고, 사이트에 포함된 콘텐츠의 퀄리티가 있어야 한다고 답했다.

현재 스마트폰으로 대세가 가고 있지만 일반 폰에서 모바일 인터넷이 지원되는 것도 잊어서는 안 된다. 스마트폰이 대세라고 해도 전 세계 시장을 놓고 보면 일반 폰 비중을 넘어서는 데 최소 3년 내지 4년은 걸리고, 완전히 스마트폰으로 시장이 갈아타려면 향후 5년 이상은 걸릴 것이다. 현재 컴퓨팅 시장을 더듬어서 생각해 보면 인터넷이 활성화 되는데 10년이 넘게 걸렸고, 아직도 15인치 이하의 모니터를 쓰는 사용자들이 적지 않다는 사실을 잊어서는 안 될 것이다.

그것은 WAP의 방향성에 대한 이야기기도 된다. WAP은 무선 데이터 송수신을 위한 국제규약이다. 핸드폰에서 간단히 텍스트 위주의 메뉴 방식으로 자료를 찾아볼 수 있는 방식이지만 최근 스마트폰의 보급 확대로 인해 WAP 서비스는 점차 사라지고 있다고 해도 과언이 아니다.

하지만 모바일 마케팅을 하면서 주의해야 할 점은 다양한 고객층에 골고루 혜택이 가게 하는 일이다. 다양한 계층을 나눔에 있어서 스마트폰 위주의 정책만을 고집한다거나 일반 폰 위주의 사이트를 운영한다거나 하는 식으로 어느 한쪽에 치우쳐서는 안 된다. 한쪽에 치우치게 되면 나머지 50%의 시장을 잃게 되는 것과 같다. 스마트폰 사용자들과 일반 폰 사용자들은 모바일 웹을 사용함에 있어서 행동 패턴에 미세한 차이가 있음을 잊지 말자.

스마트폰 사용자들은 모바일 사이트의 속도에 가장 높은 점수를 주고 그 다음이 사이트의 퀄리티였다. 그리고 사이트의 메뉴 구성 등은 다소 복잡해도 크게 신경 쓰지 않았다. 하지만 일반 폰 사용자들의 경우 사이트 내비게이션의 편리함을 재방문 이유의 1순위로 꼽았다. 그리고 다음이 사이트의 속도, 그리그 콘텐츠의 퀄리티를 본다고 답했다. 이러한 차이의 이유는 하드웨어적인 측면에서 비롯된다. 스마트폰은 터치 등으로 한 번에 조망하게 해 주는 기능이 있지만 일반 폰에서는 그러한 기능들이 매우 복잡하게 다가오게 되는 것이다.

일반 기업에서는 WAP에 새롭게 뛰어들 이유가 없다. 풀브라우징 방식이나 아이폰의 애플리케이션으로 접근하는 것이 투자 대비 효율을 더 높일 수가 있을 것이다. 풀브라우징 방식이란 기존 인터넷에서 보는 페이지와 동일한 웹 페이지를 의미한다. 스마트폰에서는 무선 인터넷으로 기존 인터넷 웹 사이트를 열어 보는 데 전혀 지장이 없기 때문이다.

하지만 스마트폰에서 풀브라우징을 한다고 해서 기존 사이트를 그대로 두어서는 절대 안 된다. 스마트폰에서는 절대적으로 화면 크기가 작다는 사실을 잊어서는 안 될 것이다. 특히 한국의 웹 사이트는 대다수 마이크로소프트의 인터넷 익스플로러에 적합하게 만들어져 있다는 사실에 유념해야 한다. 기존 플래시 메인은 애플 OS나 심비안 OS에 다양한 브라우즈를 기본으로 탑재한 모바일에서는 제대로 뜨지조차 않는다. 별도 유저 인터페이스로 리뉴얼해서 별도의 M으로 시작하는 도메인을 만들고 그곳에 스마트폰용 풀브라우징된 모바일 웹 사이트를 만들어야 한다.

그런데 WAP은 기존 사용자들이 아직은 많다. 국가기관이나 기존

WAP 페이지를 운영해 오던 포털이라면 이야기가 달라진다. 현 단계에서 WAP과 같은 모바일 마이크로 사이트의 운영 및 유지는 필수다. 스마트폰에서도 전체 인터넷에서와 같은 막대한 정보를 주겠다고 덤비는 것은 사용자들을 떠나가게 만들기 때문이다. 따라서 WAP에 대해서 신경을 써야 한다. 한시적인 시장이지만 몇 년의 공백은 한 회사를 망하게 만들어 버릴 수도 있다.

또 하나, WAP과 풀브라우징의 중간 단계가 생길 수 있음을 마케터라면 염두에 두어야 한다. 그건 풀브라우징 형태이면서 모바일 페이지에서 접근 가능한 것으로, 저마다 다른 목적과 이상을 가지고 출발을 했지만 하나의 바다에서 만나는 것이다. 새로운 기기가 아니라 새로운 방향성이 필요한 시점이다.

아이러브스쿨, 페이스북, 트위터,
그리고 콘셉트 리바이스

전국에 흩어져 있는 사람들을 한 번에 모아서 검색할 수 있다면 어떻게 될까 하는 생각에서 시작된 아이러브스쿨은 2000년에 가장 전도유망한 사이트 중 하나였다. 당시 전국을 동창 찾기의 열풍으로 몰아넣었다. 초등학교 시절 첫사랑을 만나서 바람을 피우는 바람에 사회적인 문제가 되기도 했다.

아이러브스쿨은 당시 카이스트 박사과정에 재학 중이던 김영삼 전 사장이 자신과 친구들의 자금을 모아서 99년 9월에 설립했다. 사이트를 오픈한 지 9개월 만에 3백만 회원을 몰고 왔고 매일 10만 명에 달하는 사람들이 회원으로 가입했다. 2002년에는 1천만 회원을 돌파했다.

하지만 얼마 지나지 않아서 아이러브스쿨은 몰락의 길을 걷기 시작했다. 사용자들이 서로의 존재를 확인하는 수준에 그쳐 버린 것이다. 특정한 목적성을 상실한 채 유사한 서비스들이 우후죽순으로 생겨나자 경쟁에서 밀리기 시작한 것이다.

그렇다면 모교 기반의 서비스는 다 실패하는 것인가. 당장 페이스북의 사례만 보아도 그렇지 않다. 아이러브스쿨은 금양이란 회사와의 악연 때문에 망하게 되었다고 해도 과언이 아니다. 금양의 투자를 받으면서 아이러브스쿨의 지분 45%를 8억 7천만 원에 넘겼다. 그 후 아이러브스쿨은 유명세를 타기 시작했고 이 과정에서 아이러브스쿨의 김영삼 전 사장을 포함해서 창업주들은 금양의 전 대표에게 경영권을 통째로 뺏기게 된다.

하지만 애초 지분 참여를 할 때 정확한 판단을 하지 못한 책임은 김영삼 전 사장에게 있다. 야후코리아는 당시 본사의 승인을 받아서 500억 원의 현찰로 아이러브스쿨을 인수하고자 했지만 협상 막판에 결렬되고 만다. 만약 야후가 인수했다면 상황은 180도 바뀌었을 것이다. 금양은 인수 후 이렇다 할 실적을 내지 못했고 서버가 버티지 못할 정도로 많은 사용자를 감당해 내지 못했다. 그러자 느린 서버에 질린 사용자들은 다른 커뮤니티인 프리챌과 다음커뮤니티로 발길을 옮기기 시작했다.

사실 아이러브스쿨의 패배는 매우 아쉽다. 만약 야후코리아가 인수를 했다면 우리나라 인터넷의 판도 자체를 바꾸었을 것이다. 이처럼 초기 비즈니스 모델을 추가로 확장시켜 나갈 아이디어가 없으면 그 사이트는 사람들의 기억에서 조금씩 멀어진다.

아이러브스쿨의 부진 원인 중 또 하나는 처음 학교를 중심으로 커뮤니티를 만들고 동창생을 만든 콘셉트는 매우 훌륭했지만 이를 수익으로 연결시키는 부분이 매우 미약했다는 것이다. 아직 기회가 없는 것은 아니지만, 경쟁사들이 유사한 서비스를 만들어 냈고 차별화 부분이 많이 퇴색된 지금 이를 단번에 끌어올리기 위해서는 극단의 콘셉트 리바이스가 필요하다. 초기 시작한 콘셉트를 중심으로 한 번 더 도약하는 새로운 시도가 필요하다.

콘셉트 리바이스를 시도해서 성공한 업체들과 실패한 업체들이 있다. 성공한 업체는 미국의 페이스북이다. 페이스북은 2006년 야후의 10억 달러(한화로 약 1조 2천억 원)의 인수 제의를 거절했다. 페이스북은 우리나라의 아이러브스쿨과 비슷한 개념의 사이트로 출발도 아이러브스쿨이 내리막을 탄 2004년에 마크 주커버그와 크리스 휴즈 등 하버드대 동창생 3명이 설립한 미국판 싸이월드다. 처음에는 하버드 대학생들만 이용 가능하게 했지만 차츰 이용 범위를 넓혀서 2006년에는 완전히 외부로 오픈되었다.

페이스북은 처음에는 흩어져 있는 사람들을 하나로 합쳐서 커뮤니티를 형성하고자 만들었지만 곧 전국의 모든 학교 동창생들이나 친구를 위한 사이트로 바뀌기 시작했다. 콘셉트 자체를 바꾼 것이다. 페이스북은 철저히 개인 보호와 그룹 보호에 신경을 썼다. 친구가 아니면 절대 상대방이 올린 글이나 영상을 볼 수 없게 만들었다. 싸이월드의 1촌과 유사한 개념이다

페이스북은 여기에서 멈추지 않고 콘셉트 리바이스를 시도했다. 자신들의 플랫폼을 완전히 개방하는 전략을 구사했다. 적절한 단계에서 지금까지 세상에 없었던 거대 사이트를 만들어 낸 것이다. 페이스북 외부에 있는 개발자나 회사라도 자신의 프로그램을 페이스북에 올릴 수 있

게 했다. 페이스북 이용자들은 페이스북을 벗어나지 않고도 다양한 서비스를 즐길 수 있게 되었다. 이것은 전 세계를 통틀어서 자신의 플랫폼을 개방한 첫 사례다.

심지어 페이스북은 페이스북 외부에서 페이스북의 정보들 즉 페이스북에 올린 글, 사진, 동영상 등을 마음대로 활용할 수 있도록 했다. 페이스북의 친구 정보까지도 오픈했다. 이러한 완전 오픈 전략으로 신규 회사들로 하여금 페이스북 커넥터가 될 수 있는 신뢰를 주었다. 페이스북의 이러한 완전 오픈 전략은 아이폰에서 바로 페이스북에 글을 올릴 수 있는 환경을 만들어 주었고, 닌텐도에서 찍은 사진을 페이스북으로 바로 올릴 수 있는 커넥터를 만들어 주었다.

사람들은 이러한 페이스북 커넥터 사이트나 서비스가 늘면 늘수록 페이스북의 충성 고객이 되어 갔다. 심지어 트위터에도 이러한 페이스북의 오픈 정책이 심어져 있다. 이제 트위터는 페이스북의 경쟁사가 아니다. 트위터 사용자들은 페이스북의 사용자가 되는 선순환 관계를 만들어가는 공동의 인터넷 생태계를 조성했다. 하나의 콘셉트는 빅뱅을 만든다. 무에서 우주가 창조되는 순간처럼 말이다.

트위터는 신생 회사다. 2006년 1월 에반 윌리엄스와 2명의 친구들로 시작이 되었다. 친구들이 전화할 때마다 "지금 뭐해?"라고 질문하는 것에서 착안했다. 에반 윌리엄스는 1999년 블로거닷컴 서비스를 개발해 성공을 시킨 트랜드 리더이다. 이들은 곧 2006년 7월 트위터 서비스를 정식으로 론칭했다. 초창기에는 매우 조악한 사이트였다.

하지만 콘셉트 리바이스를 시작했다. 2007년 단순한 메시징이 아닌 소셜 네트워크 사이트로 콘셉트를 변경한 것이다. UI는 단순화 시키고 API도 공개했다. API는 매우 강력해서 당신이 트위터에 가입을 하면서 등록한 이메일을 넣으면 해당 이메일에서 연락을 주고받은 사람 중에서 최근 리스트를 보여준다. 당신이 초청장을 날릴 수 있도록 편리하게 구현해 놓은 것이다. 그러자 외부의 개발자들이 주목하기 시작했고 네티즌들이 주목하기 시작했다.

Application Programming Interface : 운영체제와 응용프로그램 사이의 통신에 사용되는 언어나 메시지 형식을 말한다. 운영체제나 C, C++, Pascal 등과 같은 언어로 응용프로그램을 만들 때, 윈도우를 만들고 파일을 여는 것과 같은 처리를 할 수 있도록 1000여 개 이상의 함수로 구성되어 있다.

2008년 버락 오바마 후보가 페이스북과 트위터에 계정을 오픈했다. 트위터 붐이 일면서 오바마 후보의 트위터 팔로우는 120만 명에 이를 정도로 커졌다. 이란에서 유혈 사태가 발생하자 이란 정부는 보도 통제를 했다. 그러자 트위터를 통해서 이란의 네티즌들이 실시간으로 시위 현장을 보도하기 시작했다.

트위터는 매우 단순하다. 메신저는 대화 상대가 접속되어 있을 경우에만 글을 주고받을 수 있는 것과 달리 언제라도 자신의 소식을 상대방에게 전달할 수 있다. 또한 블로그처럼 글을 쓰면서 오랫동안 고민할 필요도 없다.

트위터는 팔로우 제도를 가지고 있다. 내가 버락 오바마의 글을 보고 싶다면 오바마의 글을 읽겠다고 팔로우 버튼을 누르면 끝난다. 물론 이러한 경우라도 내가 승인한 사람만 나를 팔로우할 수 있게 보호 장치를 걸어놓을 수도 있다. 계정을 열면서 주의할 점도 한 가지 있다. 성인광고

업체들이 당신에게 팔로우를 걸어올 수도 있다. 아마도 아르바이트생들을 데리고 작업을 하는 듯하다.

한국에서는 미투데이가 트위터의 경쟁자로 자리매김을 해 나가고 있다. 휴대폰에서 문자로 올린 글도 바로 볼 수 있고 아이폰용 미투데이 애플리케이션도 나와 있다. 미투데이에 쓴 글이 자신의 블로그로 바로 들어가는 위젯도 있다.

트위터와 미투데이의 경쟁 구도도 앞으로 볼 만할 것이다. 하지만 결국은 누가 콘셉트 리바이스를 더 잘해 나갈지가 관건이다.

특이한 콘셉트와 브랜드 네이밍

트위터는 대성공을 거두었다. 소통에 목말라 있던 현대인들의 니즈를 읽고, 과감히 모바일과 연계해서 자신이 쓴 글을 팔로우들에게 자동으로 전송되는 시스템을 만들었다.

트위터의 주요 콘셉트 중 하나는 글자 수 제한이다. 140자 이상은 못 쓰게 제약을 두었다. 쉽게 말하자면 한 줄짜리 초미니 블로그다. 자신이 구독하고 싶은 글이나 필자가 있으면 그냥 팔로우 버튼을 누르기만 하면 된다. 그 사람이 글을 쓰면 내 트위터에서 읽을 수 있다. 내 트위터에 모바일로 글을 쓰면 글이 올라가고 나를 팔로우 한 사람들에게 자동으로 전송된다. 트위터는 현대인들의 가슴속에 난 빈 공간을 읽었고 그 공간을 메우는 시스템을 만들었다.

트위터는 새로운 문화를 만들어 내고 있다. 허드슨 강에 항공기가 추락한 사건은 트위터를 유명하게 만드는 하나의 계기가 되었다. 당시 항공기에 타고 있던 사람들이 아이폰으로 트위터에 글을 올린 것이다. 과거에 기자들이 현장에 도착해서 기사를 작성해야 퍼지는 관행이 깨진 것이다. 속보성에서 대단한 효과를 보여 주었다. 추락 당시의 상황을 승객들이 상세히 트위터에 올리자 이것은 인터넷을 타고 전 세계로 퍼져 나갔다. 트위터는 대단히 빠른 전파력을 지니고 있다. 짧은 한 줄 글을 두려워하는 사람들은 없다. 10대에서 50대까지 다양한 연령층에서 사랑을 받고 있다.

콘셉트는 이렇게 중요하다. 빈 공간을 발견하고 접근하면 다른 콘셉트를 찾을 수 있다. 그러한 콘셉트를 브랜드 네이밍에서 한 번에 나타낼 수만 있다면 금상첨화다. 트위터는 새들이 재잘거린다는 뜻이다. 의역하자면 수다를 떤다는 거다. 브랜드 네이밍은 매우 중요하다. '대영' 자전거는 영어로 발음될 때 '다이영'이 된다. 젊어서 죽는다는 뜻의 자전거를 누가 사겠는가. 대영 자전거의 미국 진출은 실패로 끝났다. 마케팅 업계에 '잘 지은 이름 하나 열 기업 안 부럽다'는 말이 있다. 그만큼 브랜드의 힘은 강하다.

콘셉트에 승부를 거는 공룡 기업도 있다. 바로 구글이다. 구글은 세계적인 지도인 구글어스를 통해서 새로운 콘셉트를 만들었다. 지구 전체를 검색한다는 강한 메시지를 전 세계인에게 남겼다. 최근에는 안드로이드 스마트폰에서 카메라로 검색하는 고글스를 새로운 모바일 이미지 검색으로 내놓았다. 관련 이미지를 가진 책이나 뉴스 등을 검색 결과로 보여 준다. 책 표지를 촬영해서 검색하면 책의 작가와 가격 비교까지 볼 수 있다.

이러한 콘셉트의 혁신은 온라인 게임에서도 찾아볼 수 있다. 리니지는 세계적인 게임이다. 엔씨소프트는 리니지와 리니지2, 아이온 등 세 개의 게임으로 월 매출 100억 원을 벌어들인다. 리니지로 대표할 수 있는 한국의 온라인 게임은 새로운 콘셉트를 정착시키는 데 성공했고 세계적인 비즈니스 모델로 우뚝 섰다. 해외에서도 이러한 콘셉트를 배우러 한국에 온다.

앞으로 모바일과 인터넷을 연동한 콘셉트를 내세우는 비지니스들이 많이 생길 것이다. 모바일 인터넷은 더 이상 사람들을 목이 묶인 낙타처럼 방안에서 다니지 않게 만들었다. 트위터의 강세처럼 한국에서도 모바일과 함께 연동한 서비스가 많이 생겨날 것이다. 네이버에서 미투데이를 인수한 것도 이러한 맥락과 일맥상통한다.

모드클로스는 옷을 생산하기 전에 먼저 고객들이 투표를 하게 한다. 즉 사고 싶은 고객의 수가 늘어나서 판매할 수량이 손익분기점을 맞출 것인지 예측 후 생산한다. 고객들이 투표를 하면 투표한 고객에게는 제일 먼저 구매를 할 수 있게 이메일로 통보를 해 준다. 특이한 콘셉트를 사업에 적용한 하나의 사례이다.

변경된 이메일이나 연락처를 한 번에 알려 줄 수 있는 서비스는 차기 비즈니스 아이템이다. 모바일 시대가 활성화될수록 기존 연락처로 연락이 왔을 때 알려주는 서비스는 매우 유용할 것으로 생각된다. 밀리언달러 홈페이지를 만들어서 불과 4개월 만에 백만장자가 된 비즈니스맨도 있었다. 이것을 응용하여 모델의 사진을 넣고 사진을 볼 때마다 광고를 삽입하면 어떤 아이템이 나올까 하는 상상을 하게 된다.

세계적인 소프트웨어 회사들은 자신의 소프트웨어 소스를 적극적으로 공개한다. 마음껏 소스를 응용해서 사용할 수 있도록 API를 연동하여 개발하도록 하고 있다. 그리고 소스를 공개하면서 부가가치를 붙인다. 써보면 만족할 것이고 유료로 전환할 것이라는 자신감이 배어 있다.

많은 사람들이 타인의 노하우나 정보에 관심이 많다. 오프라인에서 노하우를 파는 대표적인 상품은 프랜차이즈이다. 앞으로는 무형의 자산에 대해서도 이러한 노하우를 판매하는 시스템들이 속속 만들어질 것으로 생각된다.

검색엔진, 세계를 한눈에 보게 하는 힘

스마트폰이 세상을 바꾸고 있다. 각 포털에서도 아이폰 출시와 더불어 거리에서 맞이할 검색 대전을 준비하고 있다. 이미 네이버에서는 모바일로 접할 수 있는 뉴스캐스트와 실시간 검색어 사전 등 다양한 애플리케이션을 내놓고 있다.

지도와 함께 서울의 인기 맛집 정보를 넣은 윙버스 서비스도 오픈했다. 심심할 때 신문을 볼 수 있는 뉴스캐스트 모바일 버전도 출시했다. 아이폰 전용 애플리케이션을 위해 만든 네이버 플립시계를 한국에서 아이폰 출시 삼 일 만에 전격 오픈하기도 했다. 미투데이를 통해 아이폰 활용도를 높이기 위한 접점 역할을 할 수 있다는 부분을 강조하고 있다. 특히 미투데이에 글을 올릴 때 내가 있는 위치 정보를 사진과 함께 올릴 수 있도록 배려했다. 그만큼 네이버는 발 빠르다. 이러한 스피드가 네이버의 파워를 만든다.

　네이버를 제외한 타 포털의 경우 아이폰의 출시에 따른 호재가 없었다. 기존 포털과 차별화할 수 있는 타이밍이었지만 아무도 살리지 못했다. 때로는 스피드가 실력보다 우선하기도 하는 것이 우리가 살고 있는 시대의 현실이다.

　네이버는 최근 욕을 많이 먹고 있다. 그 이유는 1위이기 때문이다. 검색을 혹자는 권력이라고 칭하기도 한다. 하지만 검색을 서비스하는 회사는 절대 권력이 아니다. 검색은 서비스이다. 해외의 경우 구글이나 야후를 욕하는 사람들은 없다. 그들의 문화를 존중하고 스타를 키워줄 줄 안다. 네이버로 인해서 밥을 먹고 사는 사람들이 너무나도 많다. 네이버의 직원들만 있는 것이 아니다. 관계된 제휴사와 광고주, 각 기업들, 언론사들 등 모든 관계 회사가 네이버로 인해서 유무형의 혜택을 누리면서 살고 있다. 만약 한국에 네이버가 없었더라면 이미 글로벌한 외국계 기업들에게 한국 시장을 내놓았을 것이다. 그리고 한 카피당 수십만 원씩 하는 소프트웨어를 사용하면서 한탄하고 있을 수도 있다.

　그런 의미에서 보면 네이버는 애국자다. 1위라고 해서 미움을 받아야 한다면 그것은 잘못된 사고방식이다. 기업을 운영하는 것은 절대 쉬운 일이 아니다. 기업은 아무리 잘 나가고 있더라도 한방에 쓰러질 수 있다. 기업에 종사하고 있는 사람들은 GM과 같은 거대 기업도 한순간에 없어질 수 있다는 사실을 눈으로 보아서 잘 알고 있다. 그만큼 앞서나간다는 것은 부담이 된다. 지속적으로 트렌드를 선도해야 하고 매일같이 일어나는 선택의 순간에서 좋은 선택만을 해야 한다. 한 번의 실수는 손가락

질을 받게 만들어 버린다.

네이버의 경우 분 단위로 전국의 신문, 잡지와 방송 정보들이 실시간 리스팅 된다. 그 중 사람들이 관심을 가지는 신문의 내용이 많다. 경제와 정치, 문화에 대해서 다양한 신문을 한눈에 볼 수 있다. 네이버는 지식인이 최고 강점이다. 1천 5백만 명이 넘는 사용자들은 매시간 질문과 답변을 쏟아내면서 자신의 노하우를 알려주고 자신의 서비스를 홍보하기도 한다.

만약 영어권 정보를 보고 싶어 하거나 일본어권 정보를 보고 싶어 한다면 구글 사이트를 적극 활용해 보기를 추천한다. 구글의 검색엔진을 활용하면 전 세계 언어 검색도 한 번에 가능하다. 필자의 경우 중국의 우표를 검색하거나 일본의 우표를 검색할 때 구글의 translate.google.co.kr 사이트에 들어가서 검색을 하는데 매우 편리하다. 우표 카테고리를 찾으면 특정 단어 영역으로 또 들어갈 수 있다.

예를 들어서 위에 한국어를 적고 '우표'라고 빈칸에 쓰고 밑에 중국어 간체로 번역을 누르면 '郵票'라는 단어로 검색이 되어서 나온다. 일본어로는 '切手'이고 발음은 '킷떼'라고 친절히 안내해 준다. 해당 일본어를 복사해서 야후 재팬 사이트로 들어가면 필자가 관심 있어 하는 우표가 쫙 펼쳐진다. 매우 유용한 툴이 아닐 수 없다.

한글로도 매우 쉽게 배울 수 있다. '우표를 사고 싶다'라고 검색창에 넣어보면 'Want to buy a postage stamp'라고 친절히 알려준다. 심지어 '월급은 얼마나 받고 싶으세요?'라고 검색을 하면 'How you like to be paid'라고 친절히 보인다. 완벽하지는 않지만 영어를 조금이나마 배운 사람이라면 응용해서 사용할 수 있을 정도다. 영어로 일기를 쓰려는 사람은 도전해 보기 바란다. 너무 쉽고 재미있어서 밤을 새우게 될지도 모른다.

구글의 세계 언어 번역하는 곳은 매우 편리한 서비스를 제공한다. 심지어 웹 페이지를 통째로 번역해 주기도 한다. 통째로 번역을 원하면 이곳을 참조해서 들어가 보기 바란다. 구글의 메인에서 언어도구를 누르면 된다. 언어도구를 누르기만 하면 되는데 사람들은 생경한 언어를 눌러 볼 생각은 잘 하지 않는 것 같다. 이 페이지에 들어가면 세계의 언어 중에서 선택해서 볼 수 있다. 이런 언어가 존재 하는지 모를 정도의 갈리시아 어, 구자라트 어, 라틴 어 등도 있고 영어, 네덜란드 어, 힌디 어, 캄보디아 어 등 다양한 언어를 지원한다.

영어에 대해서 기본적인 지식을 가지면 검색하기에 매우 편리하다. 대다수의 정보는 영어로 충분히 찾고 활용할 수 있다. 해외 사이트를 통해서 공부를 하려고 하거나 자료를 찾으려 할 때 매우 유용하다. 유튜브에 들어가서 전 세계의 인기 동영상을 자유롭게 다운로드받아 볼 수 있다. 이베이를 통해서는 영국의 유수 깊은 책을 살 수도 있다. 길을 가면서 미국의 친구와 트위터로 이야기를 나눌 수도 있다. 인터넷 전화기 스카이프를 사용해서 국제 전화 요금을 내지 않고도 무료로 통화를 할 수 있다.

스카이프는 마치 MSN 메신저를 사용하듯이 편리하게 이용할 수 있다. 설치하고 가이드만 쫓아가면 된다. 그만큼 쉽게 되어 있다. 해외의 친구를 사귈 작정이라면 프로필을 정확하게 쓰는 것이 좋다. 성별, 생년

월일, 국가는 당연히 한국이겠지만 정확히 써 놓으면 한국에 대해서 궁금한 외국 사람들이 당신에게 먼저 말을 걸어 올 것이다. 말을 걸어오지 않는다고 실망하지 않아도 당신이 먼저 해당 국가와 나이 성별을 체크해서 검색을 하고 말을 걸 수 있다. 채팅을 해도 되고 음성으로 대화를 할 수도 있다. 가끔 음담패설을 하는 사람들이 있을 수 있으니 프로필 설정에서 'Clean Chat Only'에 체크를 해두기 바란다.

Match.com을 활용해서 좀 더 진지하게 전 세계의 친구를 사귈 수도 있다. 메신저 주소만 주고받으면 영어로 대화를 할 수 있다. 전 세계의 정보 시차는 점점 단일화되고 동시적으로 변화하고 있다. 이명박 대통령도 유튜브에 청와대 채널(www.youtube.com/user/presidentmblee)을 오픈했다.

박진영이 운영하는 JYP엔터테인먼트는 원더걸스의 미국 진출 전 유튜브를 통해서 「TELL ME」 「SO HOT」 등 대표곡들의 뮤직비디오를 올린 바가 있다. 특히 「NOBODY」 뮤직비디오는 1천만 조회 수를 돌파했다. 현재 유튜브에는 하루에도 수십만 건의 동영상이 전 세계에서 올라오고 있다.

인터넷이 세상을 하나의 문화권으로 만들고 있으며 밀라노에서 유행한 가방이나 패션이 시차를 두지 않고 뉴욕과 동경, 서울에 동시다발적으로 상륙하는 시대에 우리는 살고 있다. 구글어스는 지구의 궤도를 돌고 있는 위성들을 통해서 지구상의 표면에 존재하는 모든 사람들과 건물들을 찍어대고 있다. 구글 스트리트뷰는 길거리로 내달리면서 사람들을 무차별로 찍어댄다. 집에 앉아서 그냥 전 세계의 트렌드를 한눈

에 보고 뉴욕 거리를 웹으로 질주해 볼 수 있다. 세계가 한눈에 들어오
는 순간이다.

시맨틱 웹 기술과 검색의 미래

2030년, 김이석 교수는 방학을 맞아 일주일에 하루만 학교에 출근한다. 아내가 친구들과 유럽 여행을 가서 마침 영상 통화를 했다. 거리로 나왔지만 도시에는 차가 잘 다니지 않는다. 그런데 김 교수는 학교에서 깜빡하고 가스레인지를 끄지 않았다는 사실을 기억한다. 하지만 가스레인지는 이미 자동으로 김 교수에게 연락을 취했고 김 교수가 자신의 스마트폰에서 오프 지시를 내리는 순간 꺼진다. 냉장고는 김 교수에게 냉장고 속의 우유가 맛이 좀 변했다는 사실을 보낸다. 그리고 퇴근길에 삼겹살을 사오라고 메시지를 보낸다. 쇼핑 리스트를 냉장고에서 받은 김 교수는 퇴근길에 쇼핑을 하기로 마음먹는다.

점심시간이 되자 김 교수는 음성으로 "맛집 좀 추천해 줘"라고 말한다. 1초도 지나지 않아서 그의 스마트폰은 인근 지역의 사용자들이 추천한 맛있는 음식집을 검색하고 그에게 보여 준다. 식사를 하기 전 그는 식단을 스마트폰으로 촬영한다. 칼로리를 이미 파악한 개인 단말기는 특정 음식은 먹지 말라는 시그널을 김 교수에게 보낸다.

김 교수는 퇴근 후 자신이 자주 쓰는 만년필이 책상 위에 없다는 사실을 발견하고 스마트폰에서 RFID 단추를 누른다. 만년필은 침대 밑에서 응답했다.

김 교수는 기획서를 작성하다가 다 마치지 못했는데 피곤함을 느꼈다. 그러나 그는 걱정이 없다. 디지털 비서 캐롤라인을 부르면 되기 때문이다. 캐롤라인은 그가 작업하는 컴퓨터 우측 화면에 바로 나타났다. 자고 싶은데 특정 부분의 아이디어를 아직도 해결하지 못했다고 그는 솔직히 캐롤라인에게 설명했다. 그리고 약 20분 후 작업을 다하지 못한 부분은 김 교수의 파트너로 런던에서 일하는 브라이언 교수에게 넘어간다. 브라이언이 자리를 비웠지만 중간 매개체인 디지털 비서 캐롤라인은 자신이 처리하지 못한 부분을 정확히 브라이언에게 전달해 줄 것이 분명하다.

이제 김 교수는 편안히 휴식을 즐길 수 있게 되었다. 최근 학교 부설 연구소에서 해외 파트너를 적극 활용하라는 공지도 내려 왔기에 그는 부담이 없다. 디지털 비서 캐롤라인은 이미 김 교수와 브라이언의 얼굴과 목소리를 인식하고 있다. 김 교수가 연구하는 분야는 매우 중요한 국가 정책이 가미되어 있지만 보안에 신경을 별로 쓰지 않는다. 별도 하드웨어로 구성된 보안경이 없으면 문서는 절대 아무도 읽을 수 없기 때문이다.

김 교수는 책을 좋아해서 매달 필요한 책을 쇼핑몰에 상주하는 미키 로봇에게 부탁해 두었다. 그 로봇은 김 교수에게 가장 적합한 책을 한 달마다 서너 권씩 추천해 준다. 대다수의 경우 미키 로봇이 추천한 책은 김 교수에게 필요한 것이어서 별 고민을 하지 않고 사게 된다. 그리고 생각하지도 않았던 소설책을 추천할 때도 있다. 그것은 김 교수의 휴가 시즌에 주로 추천이 들어오며 재미있고 흥미로운 주제를 바탕으로 쓴 것이다. 기존 구매 패턴을 읽고 추천해 주는 도서이기에 김 교수에게는 매우 유용하다.

김 교수의 재테크는 전문 펀드 로봇이 처리한다. 3년 전부터 넣어온 펀드는 이미 펀드 로봇에서 적당히 부풀려 주었다. 펀드 로봇은 인터넷에 상주해 있는 로봇 엔진이다. 펀드 엔진은 처음 가입할 때만 해도 유료라서 가입자가 적었지만 지금은 대기 순번을 정해서 가입해야 할 정도로 인기 서비스이다. 펀드 엔진은 내년의 금 시세를 예측해서 김 교수의 단말기로 안내해 준다. 해당 펀드를 살 것인지 여부만 판단하면 나머지는 펀드 엔진이 구매에서 개인 계좌로 넣어주는 역할을 원타임으로 수행한다.

우리의 미래 **시맨틱 웹** 기술이 유비쿼터스한 세상을 만들어 낼 경우의 가상 시나리오를 적어 보았다. 꿈의 이야기처럼 들리지만 현실에서 조금씩 현실화되어 나가고 있다. 검색엔진이 사용자의 의도를

Semantic Web : 현재의 컴퓨터처럼 사람이 마우스나 키보드를 이용해 원하는 정보를 찾아 눈으로 보고 이해하는 웹이 아니라, 컴퓨터가 이해할 수 있는 웹을 말한다. 즉 사람이 읽고 해석하기에 편리하게 설계되어 있는 현재의 웹 대신에 컴퓨터가 이해할 수 있는 형태의 새로운 언어로 표현해 기계들끼리 서로 의사소통을 할 수 있는 지능형 웹이다.

파악해서 검색해 주는 기술인 시맨틱 검색, 그리고 모든 사물들이 자신의 정보를 인터넷으로 알려 주고 특정 기기의 경우 그것을 판단하고 결정까지 하는 시맨틱 웹이 점점 우리 곁에 현실로 다가오고 있다.

이런 때에 네이트에서 시맨틱 검색을 표방해서 검색 기술을 만들었다고 한다. 아직은 진정한 의미에서의 시맨틱 검색으로 보이지는 않지만 점점 더 기술은 진보하고 있으니 곧 그에 버금가는 기술이 나올 것이다. 그러려면 시맨틱에 대한 전문적인 연구를 깊이 해야 한다. 상상력이 필요하다. 문서에 치중해서만 보아서는 안 된다. 아직 기술의 한계 때문에 많은 포털들은 문서 위주의 검색에 주력하고 있다. 하지만 지금의 웹 자체가 문서의 연결이라고 본다면 진정한 시맨틱 웹이 오면 앞에서의 예와 같이 사람과 기계가 상호 커뮤니케이션을 하게 될 것이다. 사용자 상호 간 연결 또한 지금보다 매우 편리하게 작용할 것으로 예측된다.

검색엔진이 당신을 완벽하게 이해하는 시대가 곧 올 것이다. 당신의 기분과 재정 상태까지도 아우르면서 개인 비서와 같은 역할을 할 것이다. 당신을 표현할 수 있는 키워드는 몇 개가 될지 모른다. 만약 당신이 전과자로 낙인이 찍힌다면 이름과 사진, 그리고 개인 정보까지도 시맨틱 웹은 소유하게 될 것이다.

소비자의 모든 것을 기억하는 시대는 조지 오웰이 『1984년』이라는 소설에서 예측한 것보다 더 끔찍할 수도 있다. 하지만 분명한 것은 당신을 위한 네트워크 인프라가 지속적으로 변화하고 있다는 점이다. 개인이 중요해지는 시대가 오고 있다. 머지않은 미래에 당신과 필자가 인터넷이란 키워드를 검색한다면 우리는 서로 다른 결과를 볼 것이다. 과거 검색에 대한 서로의 히스토리가 달랐기 때문이다.

　시맨틱 웹에서 당신의 성향은 어쩌면 벌써부터 분류되고 있을 수도 있다. 만약 누군가가 의도한다면 당신이 '압구정동 아파트 시세'를 검색하는 아이피 주소가 압구정동 현대아파트라는 사실을 알 수도 있다. 당신이 최근 '렉서스 가격'을 주로 검색하고 '해외 유학'이나 '루이비통' 같은 것들도 등장한다면 시맨틱 웹은 당신의 생활수준을 눈치 챌 수 있다. 이러한 키워드 분류를 통해 당신에게는 다른 사람들과는 전혀 다른 VIP 마케팅이 가능해진다.

　미래의 인터넷은 우리 앞에서 한 계단 한 계단 진화하고 있다. 어제와 비교해서 볼 때 큰 변화는 아니다. 하지만 1년 전과 비교하면 전혀 다른 서비스처럼 완벽한 변화이다. 이러한 미래 인터넷 환경에 대한 이해는 당신이 하고자 하는 일에 대해서 보다 색다른 시각을 가지게 해 줄 것이다. 그것은 우리가 곧 도달하게 될 목적지의 일부분을 보여주는 예지몽의 역할을 할 것이기 때문이다.

e-Book은 광고를 달고 온다

회사는 구로디지털 단지에 위치해 있다. 버스로 이동을 하면서 부족한 잠을 자기도 했지만 e-Book이 나오면서 그는 달라졌다.

책을 수백 권이나 넣은 단말기는 아침 시간에 그에게 독서를 하게 만드는 중요한 역할을 한다. 배낭에서 꺼내서 읽을 수 있도록 가볍고 얇으면서도 책과 같은 질감으로 되어 있어서 매우 만족한다. e-Book단말기는 아이리버를 사용하고 있다. 아이패드를 사용하지 않는 이유는 질감의 차이 때문이다.

그는 책을 보기 위해서 e-Book 단말기를 샀다. 콘텐츠는 계속해서 올라오지만 매우 저렴하거나 공짜로 제공되는 경우도 많다. 10초 간 광고를 보게 되면 콘텐츠는 공짜로도 볼 수 있다.

이러한 콘셉트의 광고는 기업들에게 마케팅의 기회를 열어 주고 콘텐츠 공급자에게는 다양한 판로를 열어 주며 구독자에게는 공짜로 우량의 콘텐츠를 보게 만들어 준다.

물론 광고를 보다가 필요해서 물건을 산 경우도 있었다. 신문은 더 이상 종이로는 보지 않는다. 매일 아침 경제지와 주요 일간지를 아이패드가 보여주기 때문이다.

광고는 이미 권 과장이 거주하는 지역과 나이, 성별을 알고 있다. 관련된 광고만을 보여 주기 때문에 권 과장은 배달되는 e광고를 보면서도 광고가 아닌 정보로 느끼게 된다. 본인의 취미와 연관되어 있고 신상품 위주로 보여 주기 때문이다. 오히려 일부러 해당 브랜드의 사이트를 방문하지 않아도 되어서 매우 편리하게 생각한다.

불과 멀지 않은 3년 후의 예측이다. 과거 e-Book 리더기는 크기 자체가 너무 작고 빛의 반사라든지 화면이 기존 종이 질감과 차이가 너무도 커서 효과가 반감되었지만 지금은 다르다. 크기에서부터 A4지에 버금갈 만큼 커졌고 화면은 밝고 화사해졌다. 종이 질감에 최대한 가깝게 기술은 발전하고 있다.

우선 신문을 대체할지 여부가 가장 큰 관심사다. 종이 그 자체가 주는 질감은 절대 어떤 미디어가 탄생하더라도 대체하기 어렵겠지만, 그것은 신문이 주는 라이프스타일 자체가 100년이 넘는 동안 우리의 유전자에 인식이 되었기 때문일 것이다. 하지만 한 세대 두 세대 시간이 미래로 넘어가는 동안 라이프스타일이 e-Book으로 넘어간다면 그것은 별도의 문제다.

광고와 디지털 콘텐츠의 만남은 향후 비즈니스의 중요한 아이템이 될 것이다. 물론 보다 파격적인 형태의 마케팅 기법이 접목될 여지도 있지만 디지털 콘텐츠를 보기 전에 기업들의 광고가 먼저 나오게 만드는 정도의 기술은 바로 실제 세상에 적용할 소지가 크다. 기업들이 이러한 e-Book 단말기에 나오는 광고에 신경을 쓰는 이유가 있다. 광고의 효과는 다양한 채널과 미디어 등의 접점을 통해서 생겨나기 때문이다.

오늘날 인터넷의 발달 근간에 사실은 광고가 있다. 초창기 인터넷의 발달에 있어서 광고는 큰 역할을 차지하였다. 오늘날 많은 포털의 대부분의 수익은 광고에서 나온다.

광고란 상품 공급자에게는 상품을 판매할 수 있는 루트이고, 콘텐츠 수요자에게는 유용한 신상품 정보의 루트이다. 이 둘의 만남이 모여서 인터넷의 파워를 만들어 왔다.

디지털 콘텐츠, 특히 e-Book에서의 광고는 동영상 광고와는 차별화해서 진행할 수 있는 여지가 많이 있다. 오프라인의 잡지처럼 글을 읽으면서 주요한 페이지에 간지 형태의 광고도 가능하다. 또한 잡지와는 다르게 해당 광고를 클릭하면 상품 페이지로 바로 연동될 수 있다는 점이 차별화 요소가 될 수 있다.

인터넷에는 자원이 워낙 방대하다 보니 검색이 필요하게 되었다. 검색은 보다 빠르게 수요자의 정보 요청에 응하는 방식으로 발전을 해왔고 데이터베이스 비용이나 검색 기술 개발 비용은 콘텐츠 공급자의 광고 비용으로 충당해 왔다.

최근 아마존과 애플, 삼성 등 굴지의 대기업이나 유명 인터넷 업체에서 전자책 단말기를 개발하고 있다. 앞으로 20년 후에도 과연 오프라인 신문이 지금처럼 살아있을지 확신하기 어렵다.

전자책은 새로운 출판 트렌드를 몰고 올 것이다. 가격 부분에서 e-Book의 경쟁력은 어마어마하다. 더 이상 인쇄비용이 들어가지 않는 출판 시장과 신문 시장이 존재한다면, 그리고 지금의 딱딱한 형태의 e-Book이 아니라 더 부드러워지고 질감 면에서 현재의 책과 유사하다면 상황은 예측불허가 될 것이다.

전자책에는 더구나 다양한 광고가 가능하다. e-Book 콘텐츠를 완전 무상으로 제공하면서 특정 회사를 홍보하는 수단으로 사용할 수도 있다. 다이어트 책을 볼 때 하단이나 상단에, 또는 문장 사이에 다이어트 식품이나 다이어트 업체에 대한 이벤트와 함께 광고가 나오면 높은 효율을 기대할 수 있을 것이다.

향후 구글이나 애플이 아이패드나 지패드를 통해서 e-Book 시장에 출사표를 던지게 될 것이다. 하드웨어 단말기의 차이가 거의 없어지고 콘텐츠의 질로 승부를 해야 하는 유통의 캐즘이 생기게 되는 순간 말이다. 이러한 새로운 경쟁자들은 이미 시장에 나타났고 디지털 콘텐츠의 미래는 어느 누구도 예측할 수 없을 정도로 어지러워지고 있는 것이 현실이다.

e-Book 역시 검색 수요는 존재한다. 수천 권이나 되는 책을 다 넣어 놓고 정신없

Chasm : 균열을 뜻하는 단어로서 첨단 기술 관련 분야에서는 기업 컨설턴트인 제프리 무어(Geoffrey A. Moore) 박사가 최초로 사용하였다. 혁신성을 중시하는 소비자가 중심이 되는 초기 시장과 실용성을 중시하는 소비자가 중심이 되는 주류 시장 사이에 일시적으로 수요가 정체하거나 후퇴하는 단절 현상을 말한다.

이 읽어낼 수는 없는 일 아닌가. 해당 책을 검색하면서 정보를 찾고 보다 빠르게 내가 원하는 정보에 대한 접근이 가능해질 것이다. 휴대용 데이터베이스의 역할로도 훌륭한 임무수행이 가능하다. 마케터라면 수십 권, 수백 권의 마케팅 책을 단말기에 넣고 검색하면서 정보를 찾고 업무에 활용도 가능하다.

e-Book 단말기에서 인터넷 접속 기능만 추가되면 실상은 넷북과 큰 차이가 없어지게 된다. 주목적의 차이는 있겠지만 그 또한 기기별 경계가 뚜렷해지지 않는 형태인 컨버전시 하드웨어의 탄생을 예고하는 기폭제가 될 수도 있다.

e-Book이 종이책의 대체재 역할을 할 것인지 보완재 역할을 할 것인지 장기적으로는 예측하기 힘들지만 단기적으로는 커피와 프림처럼 보완재적인 역할을 할 것은 분명해 보인다.

e-Book은 더구나 광고를 삽입하기에 매우 용이한 플랫폼을 가지고 있다. 텍스트 사이의 중요한 부분에 텍스트 광고를 넣는 것도 가능하고 배너를 넣는 것도 가능하다. 그 배너는 움직이는 형태로 진보할 개연성도 가지고 있다.

광고를 수용하는 독자에게 더 저렴한 콘텐츠를 제공한다면 충분히 시장성이 생겨날 것이다. 광고와 정보는 떼려야 뗄 수 없는 사이가 되어 가고 있다. 시장 경제에서 원하는 방식으로 경쟁하면서 가장 최적화된 방식으로 성장을 하고 있다.

그리고 그 경쟁의 결과가 진화로 나타나면서 소비자에게는 최적의 콘텐츠를 무상에 가깝게 제공받을 수 있는 원천들이 만들어지고 있다. 광고의 효과 부분이 어떤 영향을 끼칠지는 더욱 분석과 연구가 필요하다. 그 간극이 좁아지면 좁아질수록 소비자들은 풍부한 콘텐츠 속에서 즐거운 비명을 지를 일만 남았다.

오버 더 콘텐츠 캐즘 전략

제프 베조스가 1995년에 설립한 세계 최대의 인터넷 서점 아마존은 오픈 후 1년 간 월 35%의 성장을 하였다. 2001년에 아마존은 오픈마켓 서비스를 열었고 2006년에는 동영상 다운로드 서비스도 시작했다.

제프 베조스의 창업 아이디어는 매우 간단하게 출발했다. 인터넷 사용량이 폭발적으로 증가하고 있고 아직 대규모의 책을 가진 인터넷 서점이 없다는 사실에 고무된 그는 인터넷 서점에 관심을 두었다. 그리고 책을 좋아하는 사람들이 책을 사면서 그 책의 후기를 읽고 싶어 한다는 사실에 착안했다.

아마존에서 판매하는 책에는 별 표시로 서평 등급이 매겨져 있다. 책을 구매한 독자들의 이러한 독자 서평은 실제 책의 판매에도 지대한 공헌을 하였다. 소비자들이 원하는 콘텐츠와 검색 공급자들이 가지고 있던 콘텐츠 사이의 캐즘이 발생한 것을 제프 베조스는 읽었다. 그리고 그 콘텐츠 캐즘을 메우는 비즈니스는 성공리에 정착할 수 있었다.

아마존의 콘텐츠 캐즘 전략은 이뿐만이 아니다. 2007년에는 e-Book 단말기의 시초인 킨들을 출시하여 지금까지 100만대 이상을 파는 등 호평을 받고 있다. 아마존이 성공적으로 론칭한 킨들의 경우도 기존 단말기와는 다르게 차별화를 시도했다.

기존 단말기는 LCD 화면에서 책을 읽어야 했지만 킨들은 e잉크를 사용했다. 전원을 차단해도 e잉크는 지워지지 않는다. 발열, 배터리 그리고 가독성까지 그간에 문제로 여겼던 e북의 모든 것을 한 번에 해결한 것이다. 소비자들이 원하는 정보와 기업들이 제공하는 정보 사이의 캐즘을 읽어낸 것이다.

인터넷이 발달하면서 PC방이 곳곳에 생기고 네트워크 게임에 대한 수요가 늘고 있는 적절한 시점인 2000년에 네이버는 한게임을 인수하여 무료로 서비스하였다. 콘텐츠 캐즘을 메우는 전략으로 소비자들의 마음을 사로잡았고 2001년 유료화를 전격 발표하여 한 달 만에 7억 원을 벌면서 안정적인 수입을 바탕으로 성공가도를 달리게 되었다.

하지만 2003년 상반기까지 검색 포털의 1위는 야후였다. 1위를 호시탐탐 노리던 네이버는 포지셔닝의 변화를 꾀했다. 소비자들이 점점 독립화되고 개인화되면서 단순한 웹 사이트의 주소나 내용에 만족하지 못한다는 사실을 본 것이다.

당시의 검색은 무엇이든지 사전부터 시작해 키워드를 중심으로 나열하는 수준이었다. 하지만 네이버는 다르게 접근했다. 네티즌 한 사람 한 사람의 노하우를 유통할 수 있는 지식검색을 만들어 낸 것이다. 물론 이러한 지식검색이 네이버가 최초는 아니었지만 배우 전지현 씨를 모델로 내세워 최초의 이미지를 만들어 냈다. 그후 네이버는 오픈 당시 1위였던 야후를 제치고 당당히 1위를 차지했다.

이러한 네이버의 성공에는 콘텐츠 캐즘을 메우는 전략이 숨어 있었다. 검색 수요자들은 콘텐츠를 찾고 검색 공급자들은 콘텐츠를 공급한다. 콘텐츠는 생산과 유통 소비의 단계를 거친다. 하지만 이러한 콘텐츠의 흐름이 원활히 이어지지 못하는 구간이 존재한다. 이것을 필자는 콘텐츠 캐즘이라고 부른다. 캐즘은 수요를 낳고 그 수요는 곧 돈이 된다. 그 캐즘을 찾아서 위에 콘텐츠의 다리를 놓으면 된다.

에누리닷컴을 창업한 서홍철 사장은 쇼핑을 하다가 할인점마다 가격 차이가 많이 있다는 사실에 착안했다. 1998년 가격 비교 사이트를 만들었고 가장 정확하고 풍부한 상품 비교를 하려고 최선을 다했다. 현재 에누리에는 약 2,500만 개 상품이 올라와 있고 150만 개의 상품 카탈로그가 있다.

왜 검색 공급자들은 우리가 원하는 제품이 뭔지 잘 모를까. 정확한 시장조사는 한다고 하지만 항상 오차가 있다. 전통적인 통계 방식은 인터넷에서는 의미가 없다. 표본조사를 하지만 전체를 추론해 낼 수 없는 것이 롱테일 시장이다.

서홍철 사장은 콘텐츠 캐즘을 읽었고 자신처럼 생각하는 검색 수요자들이 다수 있을 것으로 확신했다. 그는 그 캐즘에 다리를 놓았고 에누리는 지금도 승승장구하고 있다.

메가스터디는 고등 부문 전국 최고의 수능 전문 온라인 학원이다. 60만 개가 넘는 콘텐츠가 팔린다. 그 콘텐츠를 제공하는 사람들은 전국에서 최고 수준의 전문 강사들이다. 메가스터디는 2008년 말 2천억 원 매출에 500억 원의 순이익을 올렸다. 콘텐츠를 필요로 하는 소비자들의 니즈는 시장에 흘러 다니는데 그것을 공급하는 콘텐츠는 거의 전무한 상황이라는 캐즘을 본 것이다. 창업자 손주은 사장은 그러한 흐름에 적극 뛰어들었고 성공 신화를 쓸 수 있게 되었다. 메가스터디는 지금도 매년 입시설명회를 무료로 개최하면서 전국 투어도 한다. 온라인의 성공에 힘입어서 오프라인으로 진출하기도 했다. 현재는 서울 지역에만 5개의 직영 메가스터디가 존재한다.

오프라인에서는 아이디어를 찾는 경쟁이 치열하다. 하지만 아이디어는 찾기가 쉽지 않다. 그런데 온라인에서는 캐즘을 읽어내면 된다. 내가 제공하고자 하는 서비스 또는 제품이 어떤 콘텐츠로 존재하는지 찾아보기란 매우 쉽다. 이러한 콘텐츠 캐즘을 찾기만 하면 특허권을 신청하여 자신만의 서비스를 확보하고 시작할 수 있다.

콘텐츠 캐즘을 읽으면 성공할 수 있다. 콘텐츠 캐즘을 읽지 못하면 노력만으로는 성공이 오지 않는다. 캐즘을 넘으면 반대편에는 금광이 쌓여 있지만 캐즘을 읽지 못하면 엉뚱한 곳에 다리 공사만 수십 년 하고 결국 인생을 마감하게 된다.

들어오면 무엇을 하겠다는 콘셉트를 정확히 고객에게 인지시켜야 한다. 콘텐츠 캐즘을 읽으면 카드사에서 새로운 상품 전략이 가능해지고 은행에서 신상품 마케팅이 가능해진다. 콘텐츠 캐즘을 읽으려는 노력을 해야 한다.

SLR클럽이나 디시인사이드는 디지털카메라의 다양한 상품 비교, 자신의 사진을 자랑하고 공유하고 싶어 하는 공간에 대한 니즈가 있음을 파악했다. 하지만 그러한 자료를 제대로 비교해서 상세히 제공하는 공간은 찾아보기가 어려웠다. 콘텐츠 캐즘을 발견한 순간 디시인사이드는 창조되었고 사이트의 구성은 엉성했지만 고퀄러티의 콘텐츠는 소비자의 마음을 흔들어 놓았다.

콘텐츠 캐즘은 플랫폼 자체를 만들어 내기도 한다. 기존 언론사들과 전통적인 매스미디어가 장악하고 있던 정보의 유통과 생성은 여러 가지 시각으로 바라보기가 어려웠다. 언론이 주는 의제설정을 그대로 받아들여야 했다. 하지만 이러한 의제설정을 당하는 사람들은 뭔가 다른 대안을 마련하기 시작했고 그것은 블로그라는 형태로 세상에 선을 보이게 되었다.

블로그는 1997년 데이브 와어너가 스크립팅뉴스란 이름으로 세상에 선보인 것을 계기로 2000년에 들어서 본격적으로 대중에게 전파되기 시작했다. 당시 아무도 블로그가 오늘날처럼 인터넷에서 빼놓을 수 없는 핵심 플랫폼으로 자리 잡을 거라고는 상상도 하지 못했다. 소비자들은 1인 미디어를 원하고 있었고 그것을 전파할 캐즘 브릿지가 없는 상황에서 블로그는 훌륭한 캐즘을 메우는 플랫폼으로 발전했다.

나우누리 문용식 대표는 콘텐츠 캐즘을 읽을 줄 아는 캐즘 브릿지 리더 중 한 사람이다. 그는 PC통신 시절에 나우누리의 창립 멤버였다. 당시 그는 비록 전화망이었지만 소비자들의 트렌드가 점차 네트워크로 나갈 것이라는 확신을 가지고 있었다. 인터넷이 보급되면서 PC통신은 사양길을 걷게 된다.

하지만 문용식 대표는 시장에서 소비자들의 트렌드는 점차 동영상으로 옮겨가고 있고 또한 실시간 방송국을 직접 운영하고자 한다는 니즈를 읽어냈다.

콘텐츠 캐즘을 읽어내는 데 성공한 그는 아프리카로 또 한 번의 재기에 성공했다. 개인 방송국 아프리카는 일반 대중들이 자신들의 목소리를 밖으로 표출하고 싶어 하는 니즈는 있지만 이를 실시간으로 서비스하는 곳은 찾아보기 힘들다는 데 착안했다. 두 개의 공간 사이의 캐즘을 읽은 것이다.

당시 시장에는 제대로 서비스하는 개인 미디어 방송국이 존재하지 않았다. 그래서 아프리카라는 이름으로 출사표를 던졌고 아프리카는 새로운 비즈니스 모델로 자리를 잡아가고 있다. 누구나 방송국을 만들고 싶으면 아프리카의 문을 두드리면 된다. 아프리카에서 인기 BJ의 경우 월수백만 원을 버는 사람들도 생겨나고 있다.

이러한 콘텐츠 캐즘은 기존 라디오 방송국에서도 쉽게 나타난다. SBS 고릴라의 경우 보이는 라디오로 많은 청취자의 사랑을 받고 있다. 라디오를 들으면서 방송을 하는 모습을 보고 싶어 하는 니즈를 읽고 그러한 인터넷 청취자를 위한 서비스를 시작한 것이다.

니즈 캐즘은 깊이 숨어들고 아래로 퍼져서 깊숙한 곳에 자리를 잡게 된다. 이러한 캐즘이 깊어지게 되면 위에서 볼 때는 전혀 캐즘이 없는 것처럼 보일 수도 있다. 대체재가 나오기 때문이다.

대체제로 만족하는 시장이 이어지면 기존 캐즘이 사라질 수도 있다. 캐즘이 만든 수요가 소비자들의 마음속으로 들어가 버리고 마는 것이다. 하지만 캐즘이 어중간하게 벌어진 상태에서 누군가 그 사이에 콘텐츠를 채우게 되면 니즈는 폭발한다. 아이폰이 그러한 캐즘의 다리 역할을 한 것이다.

아이폰과 아이패드 애플의 전략

초판 1쇄 발행 2010년 4월 5일
초판 4쇄 발행 2011년 3월 25일

지은이 최용석
펴낸이 김연홍
펴낸곳 아라크네

출판등록 1999년 10월 12일 제2-2945호
주소 121-865 서울시 마포구 연남동 224-57
전화 02-334-3887 **팩스** 02-334-2068

값 15,000원
ISBN 978-89-92449-55-7 03320

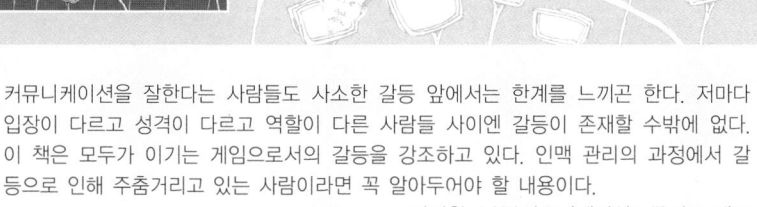

최악의 파트너를
최고의 파트너로
바꾸어 주는
갈등 경영 전략서!

갈등, 거침없이 즐겨라

유용미 · 황소영 지음 | 224쪽 | 12,000원

커뮤니케이션을 잘한다는 사람들도 사소한 갈등 앞에서는 한계를 느끼곤 한다. 저마다 입장이 다르고 성격이 다르고 역할이 다른 사람들 사이엔 갈등이 존재할 수밖에 없다. 이 책은 모두가 이기는 게임으로서의 갈등을 강조하고 있다. 인맥 관리의 과정에서 갈등으로 인해 주춤거리고 있는 사람이라면 꼭 알아두어야 할 내용이다.
– 이지원 / (주)커뮤니케이션스플러스 대표

'갈등 게임의 목적은 상대가 나를 좋아하게 만들거나 혹은 싫어하지 않게 만드는 것이 아니라 상대방이 나를 위해 기꺼이 움직이도록 만드는 것'이라는 저자의 말은 인간관계에서 갈등을 겪는 모든 사람들에게 소중한 키워드가 될 것이다.
– 유제흥 / 한양대 교수

누구나 언제든 맞닥뜨릴 수 있는 조직 내 갈등, 그 또한 인간관계의 일부분이기에 피할 수 없다. 이 책은 이러한 갈등을 지혜롭게 극복하는 데 훌륭한 처방전이 되어줄 것이다.
– 최철호 / 삼성전기 수석연구원

어느 학교에서도,
어떤 회사에서도
절대 가르쳐주지 않는
협상의 비법

세계가 인정한 협상 교과서

리 웨이시엔 지음 | 박지민 옮김
272쪽 | 12,000원

정당한 상황이라도
요구하지 않으면
아무것도 얻을 수 없고,
무리한 상황이라도
무엇인가 요구하면
얻을 수 있다!

일상은 협상의 연속이다. 친구 사이, 가족 간, 회사와 회사 사이에 매일 크고 작은 협상이 벌어진다. 대만 출신 관리학 박사인 저자는 협상에 필요한 준비 단계부터 협상의 마무리에 이르기까지 자신의 경험을 토대로 협상의 기술을 소개한다. 그는 뛰어난 협상가가 되기 위한 자질로 △좀 더 많은 정보를 발굴하려는 의지 △남보다 강한 인내심 △높은 가격과 좋은 조건을 말할 수 있는 배짱 △서로 윈윈을 추구하는 정직한 태도 등을 꼽는다.

저자는 또 협상 과정에서 명심해야 할 사항으로 △사람마다 다른 특징을 파악하라 △각각의 입장이 다름을 인정하라 △상대방이 승리자라는 느낌을 갖게 하라 △해결 안 되는 의제에만 집중하지 말고 다른 것부터 먼저 해결하라 △상대방의 목표 달성을 돕게 되면 자신의 이익은 잃는다고 생각하지 마라 △작은 선물을 통해 관계를 긴밀히 맺어라 등을 강조한다.

― 동아일보

미국인들은 외국 바이어와 협상할 때 직접적으로 접근한다. 회사의 매출이나 판매 단가 등을 직접적으로 묻는다. 그들은 단독 협상을 좋아한다. 또 상대방의 국적과 상관없이 영어를 사용한다. 타이완 출신의 전문가가 각종 협상에서 목적한 바를 이뤄내는 전략을 조목조목 짚어냈다.

― 조선일보